KB110059

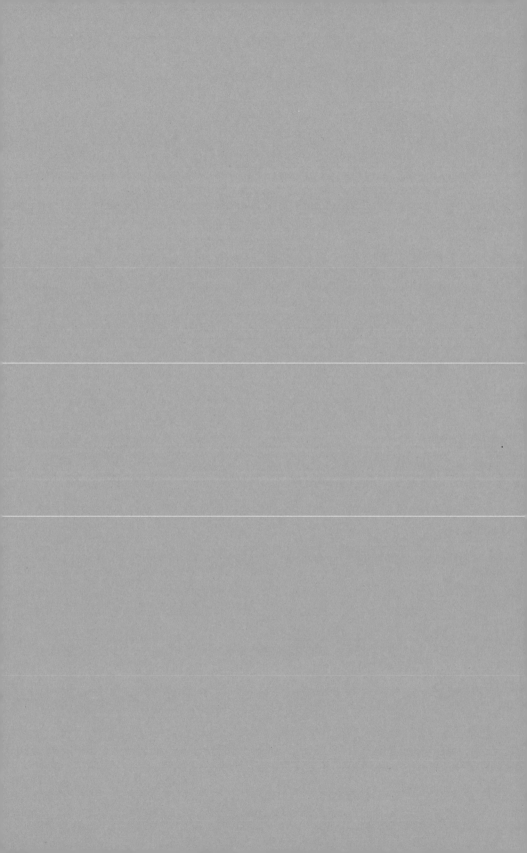

내삶의 여행에 **도전장을 던져라!**

내삶의 여행에 도전장을 던져라!

초판 1쇄 인쇄 2011년 08월 05일
초판 1쇄 발행 2011년 08월 12일

지은이 | 김인백
펴낸이 | 손형국
펴낸곳 | (주)에세이퍼블리싱
출판등록 | 2004. 12. 1(제315-2008-022호)
주소 | 서울특별시 강서구 방화3동 316-3번지 한국계량계측협동조합회관 102호
홈페이지 | www.book.co.kr
전화번호 | (02)3159-9638~40
팩스 | (02)3159-9637

ISBN 978-89-6023-636-3 03320

이 책의 판권은 지은이와 (주)에세이퍼블리싱에 있습니다.
내용의 일부와 전부를 무단 전재하거나 복제를 금합니다.

내삶의 여행에

도전장을
던져라!

김인백 지음

ESSAY

도전을 시작하면서…

도전이 없는 인생은 꿈이 없는 인생이다. 살아 있지만 심장이 식어버려 그저 생명 유지에 알맞은 에너지만 쓸 뿐이다. 살아 있는 죽음이다. 펄떡이는 젊은 시절도 그랬고 40대, 50대, 60대도 그렇다. 우린 영원히 도전만 할 수는 없다. 그러나 때를 놓치지는 말자. 일어서라. 원본으로 세상에 도전장을 던져라.

사하라 사막 죽음의 레이스 시각장애인 가이드, 알래스카 매킨리, 오지탐사대 대장 등을 해온 필자는 그동안의 여러 가지 체험을 바탕으로 하여 지혜를 모아보았다. 꼭 뭔가를 이루어내는 것만이 도전은 아니다. 지속적으로 시도하는 것도 도전이다. 실망하지 말자. 무엇이 좋을까 생각만 하다 삶의 여행이 끝나버리기도 한다. 운동이나 악기, 여행 등 평생 해보고 싶다고 소망만 하지 말고 도전하자. 간절히 원하는 것만으로는 이루어지지 않는다. 간절히 원한다면 늘 그 후에 어떤 행동이 따라야 한다. 우리는 그것을 도전이라고 부른다. 여러 번 금연을 결심했다가 실패하고 또 도전한다. 금주를 도전하고, 아침 일찍 일어나기에 도전한다. 달리기에 도전하고, 일요일에 등산가는 일을 도전한다. 새로운 음식을 먹어보는 것에 도전하고, 나쁘다고 생각하는 습관에 도전하며, 고아원을 방문하여 아이들과 놀아주기, 경로당에서 노인들을 기쁘게 해주기 등을 도전한다. 기분 나쁘게 헤어진 친구에게 먼저 사과하고 그를 용서하는 것도 도전이다. 남을 용서하는 일은 자신에게 커다란 도전이다.

한 친구는 두툼한 겨울용 침낭을 구입하여 베란다에서 하룻밤 보내기를 시도한다고 한다. 그것도 도전이다. 에베레스트에 오르는 도전, 요트 타고 세계를 일주하는 도전, 사하라 사막을 가로지르는 도전도 작은 도전들이 모여서 이루어진 것이다. 도전에 대해 너무 크게만 생각하지 말자. 일상생활에서 나를 이기는 작은 행동 하나 하나가 모두 도전이다. 그것은 결국 나의 삶을 의미 있게 이끌어준다.

카네기는 "성공을 원하거든 가장 투자가 적은 사업을 경영하라."고 했다. 나는 이 말의 의미에 대해 깊이 생각해보았다. 첫 번째 의미는, 적은 투자는 미루지 않고 쉽게 도전할 수 있으므로 기회를 만들어 낼 수 있다는 것이다. 한 발의 총알이 발사되기보다 여러 발 한꺼번에 발사되면 목표물에 맞을 확률이 올라간다. 그러므로 책상에서 연구만 하지 말고 시도해야 하는 것이다. 적은 투자는 실패해도 또다시 시도할 수 있는 지속적인 기회를 만들어낼 수 있다. 두 번째 의미는, 아직 준비되지 않았다고 도전에 핑계를 댈 수가 없다는 것이다. 왜냐하면 어느 것에나 가장 적은 투자는 가능하기 때문이다. 세 번째는, 성공한 사람은 투자비가 적다고 투덜거리지 않는다는 것, 즉 성공할 사람은 도전의 소중한 의미를 중요시한다는 것이다. 하찮은 도전과 큰 도전을 가리지 않는다는 말이다.

이 책에서는 여러 가지 성공과 실패의 과정들을 정리해보았다. 이 책의 내용은 많은 책에서 인용하거나 모방한 것이 아니다. 필자가 사막에서, 산에서, 마라톤을 통하여, 암벽등반을 하면서 또다시 도전하고 느끼고 생각하고 경험한 것들을 독자에게 전달하는 것이다. 삶은 장거리 달리기에 비유된다. 처음에 빨리 달려서 완주하지 못하는 것보다 좀 늦게 가면서 전체적인 균형을 잡고 완주하는 것이 더 의미 있다. 이 책을 읽는 당신은 지금 인생달리기 주로에서 전체적으로 균형을 이루면서 성공한 삶을 살 수 있는 시기이다. 늦지 않았다. 늦었다 이르다 하는 것은 인간의 판단에 지나지 않는다. 자수성가한 자기계발 컨설턴트인 브라이언 트레이시는 "실패는 없다. 피드백만 있을 뿐이다." 라고 하면서, 모든 것이 실패의 경험 없이는 자수성가가 불가능하다고 했다. 그렇다. 현재 어려운 도전을 해야 한다면, 그것은 조금 지나면 큰 축복이 될 것이다. 삶은 도전이며, 실패를 통해 배우는 과정이다.

· 도전의 장은

왜 도전하며, 도전은 어떤 효과가 있는가? 도전의 필요성을 인식하여 도전하도록 한다.

· 실행의 장은

실행의 원리와 실행을 하도록 동기부여 하는 방법을 습득하여 실행하도록 한다.

· 몰입의 장은

일단 시도한 도전에 몰입하는 방법과 이유, 그리고 몰입의 즐거움을 느끼는 장이다.

· 지속의 장은

작심삼일을 계속 연결하여 결국 지속적으로 실행할 수 있도록 한다.

· 공존의 장은

여러 가지 도전을 병행하여 삶을 풍요롭게 하며, 타인에게 전달하여 같이 행복해지는 장이다. 도전이 공유되어 진정으로 가치 있는 의미를 가지게 된다.

내가 한 도전 자체와 그로부터 파생되어 나온 삶의 의미를 같이 맛보도록 할 것이다. 서재에서 하는 독서나 인터넷에서 자료를 검색하는 대신에, 고산에서, 사막에서, 오지에서 체험하고 도전에 성공하고 실패하던 순간의 느낌을 자원으로 삼아 책을 썼다. 도전은 누구나가 다 할 수 있는 것이라는 내면의 동기부여를 독자들이 이 책을 통해 받으면 좋겠다. 그리하여 한 사람이라도 지금 당장 자신의 삶에 도전장을 던지게 된다면, 이 책을 쓰느라 흘린 땀이 가치 있을 것이다. 현재 암의 도전을 받아 투병중인 아내에게 이 책과 새로운 생명을 얻는데 필요한 나의 온 정신을 다 드린다.

차 례

제2장. 실행의 힘

제3장. 몰입의 힘

제6장. '도실몰지공'으로 이룬 9가지 도전 이야기에서 얻은 보물

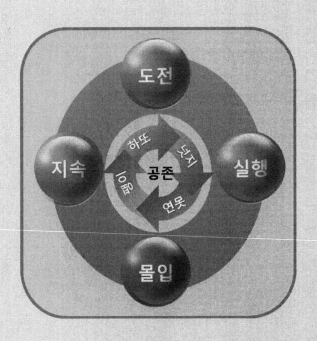

  도전을 시작으로 실행 단계를 거쳐서 몰입하고, 지속하면서 또 다른 도전을 하게 되는 것을 의미한다. 내부에서 여러 가지 도전이 병행되면서, 타인에게 전달하여 나눔의 기쁨을 누리는 내적 에너지인 공존의 단계로 도전이 이루어짐을 의미한다.

  공존의 주변에 하또, 연못, 넛지, 팽이법칙이 지속적으로 작용하여 도전의 의미를 성숙시켜 준다.

제 1 장

도전의 힘

그냥 살아도 되는데, 왜 사서 고통을 겪습니까?

도전은 스스로 어려움을 찾아서 실행하는 것이다. 환경이 어려워도 당연히 건너가야 할 장애물 이외에 다른 의미가 없다. 도전자는 하지 않아도 될 일을 만들어 힘든 과정을 이겨내는 고통을 겪는다. 도전자는 왜 도전하는 것일까? 높은 산을 오르고 사막을 횡단하고, 바다 속을 탐험하고 공중에서 낙하를 한다. 암벽을 오르느라 피부가 벗겨져도 대수롭지 않게 여긴다. 사막에서 발톱이 다 빠져도 그리 아프지 않은 표정을 짓는다. 왜 이런 것을 즐기며 도전할까?

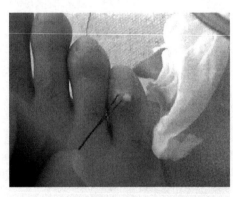

[그림 1] 사하라사막 죽음의 레이스 도전시 3일째 나의 발에서 고름이 나오지만 정신은 즐겁다. 스스로와 억지로의 차이이다. 7일 후 발톱 10개가 다 사라졌다.

여러 가지 이유가 있겠지만, 자신이 선택했기 때문이다. 스스로 하고자 하면 뇌는 어려움도 즐거움으로 변경해서 인식한다. 억지로 따라온 산행은 투덜이를 만든다. 조그마한 언덕이 나와도 투덜거린다. 왜 올라가야

하나요? 이게 마지막 오
르막인가요? 왜 이렇게
정상까지 가파른가요?
정상은 아직 멀었나요?
아이, 힘들어 죽겠네…,
하면서 마음 덜컹거리
는 말을 계속한다. 인간
은 스스로 선택하지 않으
면 자연의 이치를 용납하
지 않는다. 자연의 이치

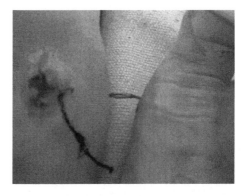

[그림 2] 사하라사막 죽음의 레이스 250킬로 시각장애
인 가이드 당시의 내 발이다. 이런 상황을 이겨내는 도
전의 힘, 그 근원은 무엇인가?

는 오르막이 있으면 내리막이 있는 것이다. 이는 정확하게 인생에도
적용된다. 그런데 왜 이리 오르막이 많아? 왜 산은 이렇게 험하게 만
들어졌지? 왜 사막은 이리 더운 거야? 끝도 없이 자연의 섭리에 반하
며 자신의 에너지를 스스로 소멸시키는 질문을 한다. 그러나 선택한
사람은 다르다.

암벽등반 아웃도어코스를 하는 데 단체 교육 목적으로 신청하는
경우가 있다. 이때는 대부분 본인은 원치 않는데 회사에서 보내서
온다. 하기도 싫은 데다 힘들고 익숙지 않으니 심리적으로 짜증을
내고, 온갖 안 되는 이유가 다 터져 나온다. 어찌 보면 전쟁포로 같
다. 요즘엔 암벽등반 학교가 여러 개 있다. 스스로 비용을 내고 등
반을 배우러 온다. 새벽에 일어나는 것을 즐길 뿐 아니라 밤을 꼬박
새어도 즐겁게 학습한다. 하루 정도 잠을 안 자도 죽지 않는다는 생
각을 스스로 해서 즐거움을 만들어낸다.

젊은 직원이 꾸벅꾸벅 졸고 있다. 억지로 회사에서 새벽 강의를
들어야 하는 의무감에서 참석한 것이다. 자기 자신을 이기는 도전을

해보지 않은 직원이다. 억지로 시켜서 하는 것은 좋이다. 노예다. 스스로 자유가 없고 회사 때문에, 상황 때문에, 상사 때문에, 부모 때문에…, 이 '때문에'가 조는 직원의 주인이다. 이런 직원은 자신을 이기는 도전을 해보지 않은 것이다. 한편, 자기 비용으로 등반교육이나 도전을 웃으면서 하는 사람이 있다. 춥다, 바람이 분다, 얼듯이 손이 차갑다, 배도 고프다…, 여러 가지 악조건을 일부러 만들어서 즐긴다. 이런 상황을 견뎌낸 사람이 새벽강의를 들을 때는 행복감으로 넘친다. 스스로 도전을 선택하는 생활태도의 차이다.

　기업체 강의를 자주 다니다 보니 참가자들이 강의를 듣는 데 일정한 패턴이 있다는 것을 알았다. 첫째는 도전자들이다. 그들은 배움에 대한 열정이 샘솟는 에너지 덩어리들이다. 둘째는 그냥 회사에서 가라고 하니 수동적으로 온 사람들이다. 아무 생각 없이 앉아 있다가 관심이 있으면 활동에 참가하고 없으면 잔다. 셋째는 휴가차 온 참석자들이다. 가급적 뒤에 앉아서 스마트폰으로 친구들과 문자 대화를 열심히 나눈다. 넷째는 포로로 끌려온 교육자들이다. 시간 가기만을 학수고대하고 강의장에서 탈출할 생각만 한다. 다섯째는 대타로 온 참석자이다. 상관이 업무가 바빠서 대신 보낸 것이다. 이런 사람들은 원래 참석자의 주민등록 번호를 기억하느라 바쁘다. 아마 우리 삶의 형태도 이와 유사할 것이다. 이 소중한 지구별 여행에서 우리는 어떤 참석자가 될 것인지 스스로 선택할 자유를 가지고 있음을 명심하자.

　'어떤 참가자인들 무엇이 문제인가? 그냥 살면 되지, 뭐 이렇게까지…'라고 생각할지 모른다. 하지만 한 번뿐인 지구별 여행, 행복해야 하지 않을까! 도전은 당신을 행복하게 해줄 것이다. 사하라에서 먹던 모래 라면, 알래스카 매킨리의 영하 40도 속에서 먹던 한 끼

식사는 내가 평소에 취하는 음식에 대한 소중함과 행복을 듬뿍 가져다주는 에너지 덩어리가 되었다. 도전하라. 그러면 당신이 겪는 고통의 크기만큼 행복이 다가올 것이다.

생각해보기

· 지구별 여행에 참가한 참석자들의 태도 차이는 무엇일까?
· 고통의 크기만큼 행복하다는 말은 어떤 의미인가?

도전결정 선택의 3가지 질문

'피할 수 없으면 즐기라!'는 말이 쉬울 것 같지만, 실제로 그 말을 실행하는 것은 정말 어려운 일이다. 그래서 나는 말을 바꾸었다. '즐길 수 없다면 피하라!' 이 말은 스스로 즐거운 일을 선택해서 도전하라는 말이다. 도전이 어렵거나 쉬운 것은 문제 되지 않는다. 앞에서 다룬 것처럼, 다만 내가 선택했는가, 또는 타의에 의해 억압당하면서 하기 싫은 것을 억지로 하고 있는가 하는 것이 문제다.

인간은 스스로 선택할 수 있는 자유의지가 있다. 삶은 대부분 자유의지에 의해서 선택 가능하다. 어찌 보면 내가 어쩔 수 없이 해야만 하는 일인 것 같지만, 곰곰이 생각해보면 모든 것은 내 선택의 결과이다. 다만 그 결과만을 놓고 보니 내가 어찌할 수 없고 선택의 여지가 없어 보일 뿐이다. 그래서 결과가 이루어지기 전에 미리 선택을 해야 즐길 수 있는 상황이 된다. 그렇다고 즐길 수 있는 것은 무조건 재미있고 쉽고, 쾌락적이고 생색나는 것이 절대 아니다. 다른 사람은 고통스러워하는 것이 나에겐 즐거움이 되기도 한다.

고통이지만 즐거움으로 선택하고, 이미 선택한 후 나타나는 고통은 즐거움으로 전환시켜야 한다. 온도가 50도에 달하는 사막이 즐겁겠는가? 하지만 즐거웠다. 영하 40도의 알래스카 산속이 즐겁겠는가? 공기가 희박하여 고산병에 시달리는 높은 산속이 즐겁겠는가?

내 스스로의 선택이었기에 어려움이 나타나는 순간 모든 것을 긍정적으로 해석하며 즐거워졌다. 그래서 "나 스스로 즐기지 못할 일은 피하자."라는 말이다. 그렇다고 할 일이 없는 것이 아니다. 충분히 즐거운 일들이 우리 삶에는 쌓여 있다. 일이 없다는 것은 찾지 않기 때문이다. 어느 역전의 노숙자와 한강변에서 자전거를 타고 달리는 노인의 차이는 자전거 하나의 차이가 아니라 생각의 차이이다.

몇 년 전 실제로 일어난 피할 수 있는 도전 사례이다. 박00 씨는 아내가 운전 연습을 시켜달라고 해서 마지못해 승낙했다. 즐길 수 없는 일이었다. 그러나 피할 수는 있었다. 남편은 절대 화내지 않으리라고 다짐에 또 다짐을 했다. 그러나 부부는 서울에서 한가한 지역인 서부 트럭 터미널 역 근처의 도로에서 주행 연습을 하다가 대판 말다툼을 했다. 브레이크를 밟으라는 남편의 외침소리는 아내에게 화내는 소리가 되었고, 결국 여기서 시작된 싸움은 서로의 집안까지 들먹이기에 이르렀다. 결국 화해할 수 없는 상황까지 치달아 합의이혼을 하고 말았다. 가만 생각해보면 피할 수 있는 도전이었다.

내 앞에 나타난 도전을 무조건 다 수용하는 것도 때로는 옳지 않다. 우리가 결과를 알 수 있다면 사전에 선택하는 것이 쉬울 것이다. 하지만 인간에게 앞일을 내다볼 수 있는 능력은 한정되어 있다. 그래서 이미 나온 결과가 좋으면 잘했다고 하고, 나쁘면 좋지 않은 선택이었다고 한다. 그런데 결과가 나오기 전에 예상할 수 있으면 좋겠지만, 우리 능력의 한계 때문에 쉬운 일은 아니다. 그러므로 좋은 결과가 나오도록 과정을 만들어가는 것은 나의 책임이자 자유의지이다. 이것을 빅터 프랭클은 "선택의 순간에 우리는 자유의지, 상상력, 독립의지, 양심을 활용할 수 있다."라고 했다. 이는 신이 인간에게 준 천부적인 재능이라고 한다.

어려운 선택에서 다음과 같이 질문해보면 도전을 할 것인지 그만 두어야 할 것인지 판단하는 데 도움이 된다.

1. 이 일이 성공해서 좋은 결과를 가져온다면 좋은 점은?
2. 이 일을 하지 않으면 나쁜 결과는?
3. 이 일의 나쁜 결과를 내가 견뎌낼 수 있는가?

이런 질문은 선택의 순간에 꼭 필요하다. 등반사(登攀史)를 보면 포기할 것인가, 갈 것인가를 놓고 고민한 경우가 많다. 일례로 얼마 전 인수봉 등반에서 날씨가 나빠지는데 정상까지 갈 것인가, 하산할 것인가를 그냥 순간적인 감정으로 판단하여 목숨을 잃은 사례가 있었다. 알래스카 매킨리에서 정상 100m를 남겨놓고 나는 스스로에게 세 가지 질문을 했다. 그러고 나서 포기하는 쪽을 선택했다. 지금도 수많은 도전에서 이런 질문을 하면서 포기하거나 지속하거나를 결정한다.

생각해보기

▶ 지금 나에게 닥친 도전에 세 가지 질문을 해보자.
· 이 일이 성공해서 좋은 결과를 가져온다면 좋은 점은?
· 이 일을 하지 않으면 나쁜 결과는?
· 이 일의 나쁜 결과를 내가 견디어 낼 수 있는가?

성공하는 도전에는 때가 있다

일이 이루어지는 데는 때라는 것이 있다. 모든 만물에 때가 있다. 과일이 익어서 떨어질 때가 있다. 무작정 도전해서 안 된다고 스스로를 작심삼일 형 인간이라고 단정하지 말라. 도전에 있어서 때는 어떤 의미일까? '운칠기삼'이라는 말이 있다. 일이 이루어지는 데 기술보다 운이 더 큰 작용을 한다는 말이다. 여기서 기술은 역량이다. 지금까지 갈고 닦은 실력이다. 나는 '운칠기삼'이란 말을 넘어서 운이 더 많이 작용한다고 말한다. 그래서 '운구칠기삼'이라고 말한다. '운97기3', 그래서 운이 97%이고 기술이 3%라고 생각한다. 이 말은 때가 그만큼 중요하다는 말이다. 운이란 곧 어느 때 하면 안 될 일이 바로 그때 적시에 해서 이루어진 것이기도 하기 때문이다. 여기서 이 말이 지닌 세 가지 의미를 잘 생각해보자.

첫째, 때의 중요성이다. 때를 읽을 수 있다는 것. 농부는 모내기할 때를 맞추어 모를 심고, 수확 일정을 고려하여 벼가 성숙하기 전에 잡초를 제거한다. 물이 들어올 때와 나갈 때를 알아서 조개를 채집하며, 과일이 익는 때를 알아서 수확한다. 때를 안다는 것은 기술을 마스터하고 난 이후의 감성적 기술이다. 배우기보다는 보고 듣고 체험하면서 느낌이라는 학습을 하여 체득하게 되는 것이다. 운 97%은 3%의 기술 영역과 연결 고리를 가지고 있다. 실력이 있어야 운이 따른다. 운과 기술이 적절한 조화를 이루면 가끔 인간이 이해할 수 있는 경지를 넘어선다. 스스로 이루어 놓고도 원리를 모른다. 그래서 기적이라고 한다.

두 번째, 기술 3%가 의미하는 바가 크다. 때가 되어도 이 작은 포인트인 3이 없으면 일이 이루어지지 않는다. 올림픽이나 월드컵에서 우리는 운이 작용하여 순위가 결정되는 것을 자주 본다. 여기서 기술 3%가 없었으면 월드컵이나 올림픽에 출전하지 못한다. 기술 3은 계란의 노른자위에 해당된다. 이것이 없으면 병아리가 태어나지 못한다. 적지만 필수 요소인 것이다. 이것은 도전의 핵심이기도 하다. 3은 열정과 창조적 아이디어를 만들어내는 원천이다. 도전 중에 나타나는 순간순간의 변화에 대처하기 위한 유연성에 해당된다. 실력 중의 실력이다. 이것의 핵은 곧 기본기이다. 기본기 핵을 중심으로 주변에 기술이 붙어있다. 그래서 정신력이 기술보다 큰 힘을 발휘하는 것이다.

제대로 된 기본기는 다른 부수적인 것들을 쉽게 만들어준다. 매일 마라톤을 하던 사람은 곧바로 암벽등반이나 등산을 해도 바로 연결이 되어 그다지 어려움을 느끼지 않는다. 새로운 도전을 하는 데 있어서 우리는 각자 지금까지와는 다른 근육을 사용하게 된다. 그런데 이 다른 근육이란 것은 멀리 떨어져 있던 것이 아니라, 내 몸 안에 연결되어 존재하던 근육이다. 대부분은 같이 공용으로 사용되던 근육이고, 전혀 다른 작용을 한 것은 1%밖에 되지 않는다. 이 공용(共用) 근육이 바로 기본기이다. 그래서 기본기가 되어 있으면 다른 것에도 쉽게 접하고 발전하게 된다. 정신 영역에서도 마찬가지다. 정신의 공용 근육인 예절, 열정, 근면성, 긍정적 마인드, 자신감 있는 사람은 어떤 일을 시켜도 잘 처리해낸다. 그래서 기업에서는 이 기본기 교육에 많은 에너지를 쏟는다.

셋째, '운칠기삼'은 운과 기술이 동시에 필요하다. 운이 7이라고 해서 기술을 무시하면 '머리는 중요하고 다리는 필요 없다.'라고 생각하는 것과 같다. 즉 '운칠기삼'을 한 마디로 요약하면, '인간이 열심히 만들어 놓고 그것이 이루어지는 것을 운이라고 한다.'라고 표현할 수 있겠다. 열심히 만든다는 것은 앞서 언급한 기술 영역이다. 우리가 해야 할 부분이다. 인간의 영역이다. 그래서 최선을 다하고 하늘의 뜻을 기다린다고 한다. 경기에서 패해도 정말 최선을 다 했을 때는 억울하지 않다. 내가 보아도, 남들이 보아도 정말 죽을 힘을 다해 최선을 다한 것이 역력하면 비난할 수 없다. 자기 자신도 스스로 비난하지 못한다.

암벽등반에서 미리 겁먹고 내가 저 루트를 갈 수 있을까? 하는 의심이 들면서 바로 힘이 빠지는 경우가 많다. "죽어도 저 포인트까지는 가자. 아니, 가야 한다. 가고 말 것이다." 하고 미끄러지지 않도록 손에 하얀 초크가루를 칠하면서 다짐에 다짐을 하면, 어디서 나오는지 힘이 솟는다. 그 힘을 보내주는 곳이 우리 속에 있다. 아직 밝혀지지 않아서 그렇지 있다는 사실을 누구도 부인할 수 없다. 그것은 정신 영역이며 영적 영역에 속한다. 이런 정신 영역이 운을 관리한다. 결국 운은 스스로 만들어 나가는 보이지 않는 큰 힘이다.

때는 시공을 초월한다. 히말라야산맥 중에서 고산 봉우리를 등반하는 사람들은 베이스캠프에서 때를 기다린다. 제대로 실력이 되어야 때가 파악된다. 때를 파악하는 것도 운을 만들어가는 중요한 역량이다. 알래스카 매킨리봉 등정 당시 제 5캠프에서 정상 도전의 때가 왔다. 우리 팀은 체력이 강한 팀과 약한 팀으로 나누었다. 체력이 강한 팀은 정상 백 미터를 남겨놓고 악천후가 닥쳐서 후퇴를 해야만

했다. 약한 팀은 일찌감치 후퇴했다. 우리는 모두 때를 제대로 읽은 줄 알았다. 지금에서야 지난날을 돌아보니 때를 보는 눈이 아주 하수였던 것이다. 정상 정복에 실패하면 서로 다른 사람 핑계를 대며 그 때문에 자기가 오르지 못했다고들 한다. 때를 아는 고수는 주변 환경이나 다른 사람을 걸고넘어지지 않는다. 그런 것조차 때를 읽는 것에 포함되기 때문이다. 주식투자를 할 때 대부분의 사람들은 주식이 왕창 하락해서 사면 분명히 오른다는 것을 알면서도 사지 못한다. 돈이 없기 때문이다. 사야 할 때 사지 않았기 때문이다. 고수란 사야 할 때 사는 사람들로서 때를 읽는 사람들을 호칭하는 말이기도 하다.

그러면 이 때를 어떻게 알 것인가? 그 방법은 기다림이 아니다. 기다리라는 말은 준비를 하면서 기다리라는 말이다. 그런데 그냥 손 놓고 아무 일 안 하면서 기다리는 것은 기술 3이 점점 사라져서 0이 됨을 의미한다. 그럼 운 97은 0과 곱하기가 되어서 0이 되어버린다. 이것은 때의 의미를 모르는 행동이다. 그러므로 때가 있으니 도전하라는 말은 곧 실패한 것에 충격을 받아서 손 놓고 놀지 말고 다음 도전을 준비하라는 말이다. 도전자는 행동으로 말을 증명하고, 삶의 도망자는 말로 행동을 묘사만 한다. 도전은 시도하고 성공하면 다음 도전으로 넘어가고, 실패하면 안 되는 방법을 알고 그것을 잘 활용하여 다음도전을 하는 사건을 만들어 가는 것, 이것이 도전의 도(道)이다. 때를 읽는 것이다. 때는 시간이다. 시간은 보이지도 잡히지도, 관리 되지도 않는다. 우리는 때 안에 존재하며 따라서 나의 도전을 관리하고 통제하는 것이 곧 때를 읽는 것이다.

- 때를 위하여 준비해야 할 운칠기삼 중 나의 3%는 무엇인가?
- 지금 추진하는 나의 일에서 때를 기다려야 할 도전은?

도전은 직접 해보면 별것 아니다, 스스로 겁먹지 말라!

마라톤에서 금메달을 따는 것은 대단한 일이다. 아니 위대한 일이다. 그런데 '도전은 직접 해보면 별것거 아니다.'라는 말의 의미는? 자신이 굳은 결심을 하고, 스스로 목표를 정하고 풀코스를 달리는 일은 누구나 할 수 있다는 의미이다. 팔이 없어도 하고, 시각장애인도 하고, 심지어 다리가 없는 사람도 이루어낸다. 산으로 야영 갈 때 우리는 큰 배낭을 메고 간다. 어떤 사람들은 "어디로 가세요? 아! 거기 가면 정말 좋을 것 같아요. 다음에는 꼭 가지요." 하고 묻는다. 관심이 더 많은 사람들은 "도대체 그 속에 무엇이 들어 있어서 배낭이 그리 큰가요? 궁금해요."라고 말하기도 한다.

일반적으로 등산객들이 메는 배낭은 약 30리터 정도이다. 야영 시에는 100리터를 메고 다니니 얼마나 크게 보이겠는가? 그런데 사실 뒤집어 놓고 보면 별로 특별한 물건이 없다. 하루 가는 것보다 양이 늘고, 밤에 산속에 있으려니 두꺼운 옷이 필요하고, 산속에서 잠을 자려니 침낭이 있어서 부피가 많이 나갈 뿐이다. 그런데 밖에서 보는 사람 입장에서는 대단한 것이 들어서 크다고 생각되는 것도 이해는 간다. 그러나 직접 해보면 정말 별것 아니다. 배낭처럼 속이 보이지 않으면 대단한 것을 하는 것처럼 보인다. 배낭을 멘 사람은 자신이 담은 물건이므로 속속들이 파악한다. 궁금해 하지 말고 시도해 보자. 배낭 속은 침낭이 반이고 나머지는 식량과 버너, 먹을거리 등이다. 이런 시도는 도전의 핵심이기도 하다. 작은 도전이 큰 도전을 만드는 것은 삶의 원리이다. 우주의 원리다. 아마도 우주 너머 우주의 원리일 것이다.

이는 곳 아무나 다 시도만 하면 가능하다는 말이다. 올림픽 금메달이 목표가 아니라 스스로가 해내면 기쁠 것이다 라는 "성취감"을 목표로 해라. 최고가 되는 목표는 마음에 부담이 되어 오히려 도전을 방해하는 작용을 한다.

큰배낭에 있는 장비는 다 먹고, 자고 사는 일반적인 장비일 뿐이다.
-필자의 매킨리 등반모습

생각해보기

· 지금까지 살면서 겁먹고 하지 않은 일은 무엇인가?
· 지금까지 살면서 일등은 아니지만 최선을 다했던 일은 무엇인가?

작은 도전에서 얻는 100만성 급 호텔 숙박권?

산으로 야영을 가면 좋은가요? 하고 묻는다. 나는 가끔 이렇게 대답한다.

"신라호텔에서 하루 자려면 최소 30만 원은 있어야 하는데요. 5성급입니다. 야영을 하게 되면 아마 100만성 급은 될 겁니다. 인간이 만든 호텔이 아니지요. 신이 만든 호텔이니 그만큼 별의 숫자도 모자랄 것입니다."

실제로 산 위에서 보는 별은 우리가 하는 지구별 여행을 더욱더 낭만적이고 보람 있고 알차게 해준다. 그래서 야영은 도전이다. 도전은 지구별 여행을 행복하게 해준다. 사막에서 본 별, 오지탐사대에서 본 피레네의 별, 알래스카에서 본 별이 모두 달랐다. 우리의 설악산, 지리산, 국망봉 등에서 보는 별도 지구별 어느 곳에서 보는 별들과 아름다움 면에서 동등하다. 우리 산들이 별 보기에는 그만이다. 해발 1천 미터가 넘으면 주변의 불빛들이 많지 않기 때문이다. 아이가 있으면 이런 별을 보는 아버지가 되어주라. 아이의 미래가 달라진다. 가족이 도전해도 좋다. 인생을 같이할 사람이면 더욱 좋다. 대자연의 품에서 야영에 도전해보라. 시멘트 안에서 먹고 자고 하려고 지구별에 온 게 아니다. 대지를 뛰어 다니고, 축복하고, 아름다움에 감사하면서 즐거움을 만끽하고 가는 별이다.

두려움을 갖지 말자. 별것 아니다. 달리기에 도전해보라. 별것 아니다. 자전거에 도전해보라. 별것 아니다. 자기 수련에 도전해보라. 별것 아니다. 자격증에 도전해보라. 별것 아니다. 지나고 나면 모두 다 별것 아니다. 그런데 보통은 "다음에 기회 되면 꼭 할게요. 혹은 기회 되면 꼭 가볼게요."라며 이야기를 마무리한다. 이 또한 때가 안 되어 그런 것일까? 앞에서 말한 것처럼 때를 붙잡는 사람과 '다음 기회에' 라는 말을 밥 먹듯 하는 사람은 천지차이다. 때가 있다는 것은 준비하는 사람에게 해당되는 말이다. 준비하는 사람은 준비되며 기회가 나타나면 때를 활용하는 능력이 창조된다.

생각해보기

· 100만성 급 호텔의 의미를 잘 새겨보자.
· 지금 '다음에' 라고 미루고 있는 것은 무엇인가?

반복되는 '다음엔 꼭 할게요,' 완벽한 준비는 없다

　모든 일에서 완벽하게 준비를 끝내는 것은 없다. 완벽하게 준비했다고 생각할 뿐이다. 인간은 미래를 모르기 때문에 적절한 시나리오로 준비를 한다. 지금 생각한 시나리오와 미래에 실제 벌어지는 일은 얼마든지 다르게 진행된다. 그러므로 준비한다는 것은 답을 만드는 것이 아니라, 공식을 사용하는 지혜를 익히는 것이다.

　매번 같은 상황이 반복된다. 결국 가지 못하고, 하지 못하고, 말하지 못하고, 이제는 해야지 하고 시도해도 힘이 없어 할 수 없을 상황이 될 만큼 세월이 지나간다. 기회가 사라져간다. 육신이 늙어간다. 정신도 쇠약해져간다. 일이 이루어지지 않은 원인은 무엇일까? 곰곰이 생각해보면 알 것이다. 바로 공식을 준비하지 않았기 때문이다. '운칠기삼'이라는 측면에서 보면 삼(三)이 준비 되지 않은 것이다. 때가 아니어서 도전을 못 하는 것이 아니다. 때가 되어도 도전할 수 없는 것이다. 지금이 해야 될 때인데 안 된다. 아마 도전해야 할 이유가 없어서일 것이기도 하다. 하지만 "정말 가고 싶다. 다음엔 꼭 가겠다." 하는 말을 하는 사람은 그 당시엔 간절히 가고 싶었을 것이다. 그렇다면 가고 싶다는 것만으로도 해야 할 이유는 충분히 성립된다. 도전에서 생명과 관련된 큰 핵심 준비만 되면 나머지는 부록으로 간주하라. 생명과 관련된 것이 준비되었다면 지금 당장 떠나라.

부족하지만 한번 경험해보면 다음 도전이 가능해진다. 완벽한 준비를 하려 들면 아무것도 도전할 수 없다. 사하라사막 마라톤에서 시각장애인 가이드를 하면서 느꼈다. 내가 준비한 것은 기초이고 나머지는 사막의 상황에 맞게 그날그날 준비해야 함을. 상황이 달라진다. 사막은 인생이다. 사막은 변화한다. 인생도 변화한다. 환경이 변화한다. 생각한 것보다 어려워지기도 하고 쉬워지기도 한다. 따라서 진짜 준비는 현장에 가서 시작되는 것이다. 변화하는 환경에서 답은 맞지 않게 된다. 변화하는 환경에 대한 유연한 대처는 공식을 필요로 한다. 답과 공식은 다르다. 답을 가지고 갔는데 맞지 않으면 낭패다. 그러나 공식은 즉석에서 답을 만들어낸다. 이런 유용한 공식은 도전에서 얻어진다. 모든 것을 준비하고 하는 일은 도전이 아니다. 기억하라! Victory loves preparation, but life is short! 준비는 완벽하게 해야 한다. 그러나 인간세계에 완벽이란 없다. 따라서 지금이 바로 완벽히 준비된 때이다.

생각해보기

· 도전할 주제에 대해서 아직도 준비만 계속 하는 것이 있는가?
· 도전에서 진정한 준비의 의미는 무엇인가?

도전이 주는 '긍정적 덩어리 스토르크'

　사람과 사람 사이에 말과 바디 랭귀지(body language) 등을 포함하여 모든 주고받는 것을 스토로크라고 한다. 즉 인간 사이의 커뮤니케이션의 모든 수단을 일컫는다. 그 중 가장 강력한 스트로크는 도전이다. 도전 경험은 우리의 탁월한 언어이다. 완전소통이 가능하게 하는 언어이다. 많은 소통이론을 숙지하고 공부하고 교육받은 것보다 도전 경험 소통은 더욱더 강력한 체험교육이다. 하나의 마음을 갖게 하는 아이콘이다.

　도전 경험에선 느낌이 살아난다. 느낌은 어떤 대화수단보다도 훌륭하다. 자기스스로에게 해주는 느낌대화이기 때문이다. 타인에게 느낌을 표현은 하지만 제대로 전달할 수 없는 경우가 많다. 둘이서 같은 도전을 이겨내면 엄청난 공감 에너지가 축적된다. 동일한 도전 경험은 동반자에게는 이미 다른 감각 수단으로 전달되었기 때문에 굳이 전달하려 하지 않아도 된다. 큰 문제가 있는 부부가 어려운 도전에 같이 직면하여 성공하면 문제가 사라진다. 이들에게 문제가 생기기 전에 큰 도전 경험이 있으면 그 에너지가 작용하여 현재 나타난 문제를 지워버린다. 불화가 많은 회사가 어려운 도전을 같이 해결하게 되면 하나로 뭉쳐지는 큰 효과를 얻는다. 부부가 같이 도전을 하면 헤어지지 않는다. 위기상황이 와도 같은 도전에서 성공한 경험이 있는 부부는 좋은 해결책을 찾는 일에 또다시 도전하기 때문이다.

요즘 잘 나가는 기업체에서는 사내 게시판에 극한도전을 할 직원을 공모를 통해 선발하기도 한다. 도전은 교실에서 하는 것이 아님을 절실히 깨달은 데서 나오는 시대적 조류이다. 도전은 조직에도 좋다. 개인적으로 좋다. 이런 좋은 도전을 '다음에'라고 말하며 때를 놓치지 말자. 계획을 세우고, 생각하고, 고민하는 것도 좋다. 그것조차도 지금 당장이 바로 이루어지는 때이다. 조금 부족해도 지금 당장 실행해보자. "지.그.이!" 지금 그것을 이룰 때이다!

생각해보기

· 주변에서 당신이 생각하는 도전을 같이할 구성 멤버는 누구일까?
· 도전을 하고 난 다음 같이한 사람과 어떤 기분을 느낄 것 같은가?

사하라사막의 즐거운 라면
(도전이 주는 행복-새벽 6시 강의도 즐겁다)

사하라사막의 열기는 50도가 넘는다. 실제로 컵라면을 넣고 모래에 묻어놓으면 먹을 수 있을 정도가 된다. 바람이 불어서 모래라면이 되기도 한다. 이 모래라면은 지금 먹는 라면을 행복라면으로 바꾸어주는 역할을 한다.

알래스카나 히말라야 등지를 돌아다니다가 돌아온 서울은 역시 바쁘다. 도시생활을 하다 보면 가끔 밥도 제대로 못 챙겨먹고 이동하면서 시간여행을 한다. 어느 날 나는 분식집에 갔다. 라면냄새가 참 좋다. 첫 면발을 젓가락으로 잡는데 아주머니가 계란과 파를 넣어주신다. 풀어지는 계란노른자 위에 뭔가 떨어진다. 눈물이다. 감격이다. 행복이다. 기억 속에 생생하게 살아 있는, 상상하

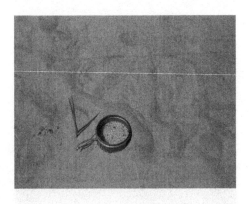

[그림 4] 사하라사막의 열기는 50도가 넘는다. 실제로 컵라면을 넣고 모래에 묻어놓으면 먹을 수 있을 정도가 된다. 바람이 불어서 모래라면이 되기도 한다. 이 모래라면은 지금 먹는 라면을 행복라면으로 바꾸어주는 역할을 한다.

기 어려운 고통 속에서 라면을 먹던 장면이 눈물을 만들어낸다. 알래스카 매킨리 추위와 눈보라에서 먹던 라면은 평생 잊히지 않는다. 그 기억은 힘들 때 내게 행복 에너지를 투입시켜준다.

새벽 기상은 잠이 많은 나로서는 쉽지 않다. 그러나 산에서는 새벽에 출발하지 않으면 안 되는 상황이 벌어진다. 기후가 급격히 돌변하여 도저히 견디지 못하고 이동해야 하거나 전체적인 상황판단을 따라 수면시간과 관계없이 움직여야 하는 경우가 비일비재하다. 이렇게 자연스러운 리듬을 극복해야 했던 그때의 기억들은 평소에 게을러지거나 기상이 힘들어질 때 어려움을 이기게 해준다. 그렇다. 인간은 고통당한 만큼의 행복을 느낀다고 한다. 낮이 있어서 밤이 있고 달이 있고, 해가 있고 그늘과 양지가 있고, 물과 불이 있듯이, 고통과 행복은 공존하지만 시간 차이를 두고 서로 앞서거니 뒤서거니 하면서 나타난다.

전에 새벽 6시에 강의를 들어야 하는 직원의 입장을 헤아려본 적이 있다. 창업주가 CEO이기 때문에 부지런하다. 월례회의 시 새벽 강의를 진행한다. 직원들은 불만의 입이 한 자나 툭 튀어나와 있다. 머릿속엔 온통 잠잘 시간인데 추운날씨에 왜 새벽에 강의를 들어야 하는가 하는 불만으로 가득 차 있다. 얼마나 괴로운 직장생활인가? 자신이 주인이 되지 못하고 끌려가고 있는 것이다. 현재의 불만에, 감정에, 피곤한 육체에 사로잡혀 포로로 끌려간다. 이런 기분으로 일하는 것은 엄청난 낭비이다. 회사와 사회의 손실, 국가적 인력자원의 손실이며 특히 그 사람 자신에게 가장 큰 손실이다. 자신의 삶을 낭비하는 시간이기 때문이다. 그런데 그런 불만의 시간도 인생 그 자체이다.

예를 들어보자. 내가 그 회사 직원이었다면 어찌했을까? 아마도 난 행복했을 것이다. 왜냐하면 추위와 더위에 고통 받은 이미지가 살아 있기 때문에 그런 조건은 행복이 넘쳐나는 요소들이 꽉 찬 것으로 보이기 때문이다. 아침에 강의를 들어서 행복하고, 김밥과 맛난 커피를 마셔서 행복하고, 춥지 않아서 행복하고, 덥지 않아서 행복하고, 육체적 고통 없이 가만히 앉아서 삶의 주제를 다시 생각할 수 있는 기회가 만들어진 것이 행복한 것이다. 도전은 고통을 스스로 얻는 일이다. 그 고통은 우울할 수도 있는 상황에 생기의 에너지를 만들어주는 에너지의 샘물이 될 것이다.

생각해보기

· 지금 내가 하는 일에서 스스로 도전하여 고통을 만들어 이겨낼 것은 무엇인가?

· 그 고통을 이겨내면 어떤 생각의 전환이 나타날 것인가?

도전은 '따로 또 같이'이다

일이 이루어지지 않는 하나의 사례를 보자. 얼마 전 중국에 가는데 옆의 동료가 "저도 가고 싶어요." 한다. 다음날 다른 한 사람도 "저도 가고 싶어요." 한다. 출발 4일 전이다. 둘 다 중국비자가 없는 상황이다. 한 사람은 골똘히 생각해보고 난 후 "다음 기회에."라고 한다. "비자와 기타 준비사항이 덜 돼서 다음에 따라갈게요." 한다. 그러나 함께 가는 것이지 따라가는 것이 아니다. 어디를 따라가면 다음에 혼자 갈 때 많이 헤매거나 못 찾아가기도 한다. 이런 사람은 인생을 누군가를 따라서 살 가능성이 크다. 자신이 원본으로 세상에 존재하지 않는다. 남의 눈치만 보면서 자신을 타인에 맞추려 한다. 죽은 삶이다. 스스로 나아가지 않다가 결국엔 못 하게 된다. '스스로'라는 능력을 상실하는 것이다. 도전은 스스로 주도적인 길을 가는 것이다. 그래서 '따로 또 같이'라는 말도 쓴다. 서로 도와주면서 가다가 개인이 스스로 역량을 발휘하여 함께하기도 하고 독립적으로 움직이기도 한다. 독립적으로 움직이지 못하면 서로 답답해하거나 항상 붙어 다니다가 상호 불만만 지닌 채 도전활동을 마치기도 한다. 남과 같이 붙어만 다니려고 하니 스스로 원하는 것을 만지거나 볼 기회가 적어 질 수밖에 없다. '따로 또 같이' 가는 도전이야말로 제대로 된 인생수업 경험이다.

또 다른 한 사람은 직접 중국 대사관에 찾아가서 급행으로 비자를 신청하고 배낭을 구입했다. 그에게서 저녁에 전화가 왔다. 여기까지 준비했는데 그 다음은 어떤 것을 더 해야 하나요? 하늘은 스스로 돕는 자를 돕는다. 스스로 하고자 하는 사람에게 일을 이루어지게 하는 기적을 던져준다. 똑같은 상황에서 이처럼 다른 행동, 다른 결과가 나온다. 중국에 못 간 사람의 경우는 먼저 '안 될 거야. 가도 별 재미가 없을 거야. 지금은 너무 어려워.' 하는 이유들이 먼저 떠올랐을 것이다. 간 사람은 '될 거야. 까짓것 준비하는 데까지 해서 가자. 재미있을 거야. 그래 한번 해보자. 지금이 곧 기회다.' 하는 생각들이 떠올랐을 것이다.

요즘 회사에서는 학교 성적만 갖고 인재를 선발하지 않는다. 일이 주어지면 두려워하지 않고 시도할 수 있는 자세를 중요하게 생각한다. 그래서 회사의 핵심 가치에 도전(challenge)이 많다. 도전, 창조, 성품 등과 같이 '도전'이라는 핵심가치를 가장 중요하게 생각하는 회사들을 많이 보게 된다. 이처럼 도전이란 가치는 갈수록 중요해질 것이다. 가치를 실행하는 것은 역량이다. 도전이란 가치는 도전 행위를 하는 역량에 의해서 이루어진다. 당신이 도전에 겁내지 않고 제대로 된 역량으로 일을 처리하는 순간이 늘어나면 도전 DNA가 게으름, 합리화, 회피 인자보다 활성화될 것이다.

생각해보기

- 자신에게 도전을 방해하는 게으름, 합리화, 현실 회피, 불안, 회의 등이 어느 정도나 있는가?
- 나의 생활에서 '따로 또 같이'를 적용할 부분은?

도전을 안 한다고?
그래도 힘들어하지 말라

힘들어 하지 말라! 무엇인가를 생각만 하고 계속 하지 못하는 데 대한 약간의 자책감을 갖는 것은 좋은 추진 에너지가 될 수 있다. 하지만 그에 대한 비관적인 생각은 금물이다. 자칫하면 자신의 비관적이고 무기력한 부분을 강화 할 수 있다. 깊은 무의식과 연결되면 그것이 패배주의자가 되어가는 시발점이기 때문이다. 자기 자신을 존중하라는 이유가 바로 이것이다. 내가 할 수 있는 것도 있고 못하는 것도 있다고 인정하라. 이는 어찌 보면 도전과 상반되는 것 같지만 절대 그렇지 않다. 상황에 낙관적인 사람이 도전을 더 잘하는 것과 연결된다. 심리학자들의 낙관성 실험에 나타난 결과를 보면, '내가 못 해서 그렇다'고 생각하는 사람은 '이번에 재수 없어서 안 된 것'이라고 생각하는 사람에 비해 덜 낙관적이다. 사실은 상황에 핑계를 대는 것 같지만 깊이 생각해보면 재수가 없어서 못 했다는 사람은 다음 기회를 노린다는 의미이다. 하지만 자신의 능력을 탓하는 사람은 자신을 존중하지 않는 의식을 스스로 강화하고 있다. 처음부터 잘하는 사람도 없었고 처음부터 못 하는 사람도 없었다.

무슨 일이든 마찬가지다. 올림픽 금메달리스트 김연아 선수에게 물어보라. 스케이트를 처음 신던 날 몇 미터나 갔는지. 마라톤 금메

달리스트 황영조 선수에게 물어보라. 처음 달리기를 시작할 때 몇 킬로나 달릴 수 있었는지. 주변에 무엇인가를 도전하는 동료에게 물어보라. 그것을 처음 시작할 때 얼마큼 가능했는가를. "남들은 이만큼 하는데 나는 이것밖에 못 해." 하고 속상해 하지 말라. 지금 시작해도 어떤 일이든 늦지 않았다. 왜? 당신 삶의 여행이므로, 스스로 해나가는 것이므로. 남과 비교하지 말라. 그러면 속상해진다. 다른 놈과 걸어가는 여자친구와 내 여자친구를 비교하지 말라. 다른 남자친구와 내 남자친구를 비교하지 말라. 부부간에도 마찬가지다. 다른 부부와 비교하지 말라. 비교는 당신 스스로 하라. '시간대 비교'라는 것이 있다. 작년의 지금 이때쯤 당신의 모습과 지금 이 순간의 모습을 비교하라. 작년의 몸무게와 올해의 몸무게를 비교하고, 작년의 시간관리와 지금의 시간관리를 비교하라. 작년의 역량과 지금의 역량을 스스로 비교하라. 단, 뭔가를 배우려면 더 높은 곳을 바라보라. 이때도 인간의 본성인 타인과 비교하고 싶어지는 생각은 철저히 차단하고, 비교를 한다면 오로지 나의 발전을 위해 교훈으로 삼을 생각으로만 해야 한다.

생각해보기

- 내가 비교하는 것은 나 자신 스스로 하는 시간대 비교인가?
- 작년의 나와 올해의 나를 비교하면 어떤 면이 성장했는가?
- 지금까지 도전하지 못하는 것에 대하여 주눅들은 것을 없애보자.

위기는 기회라고?
위기 연습장은 도전이다

절대 아니다. 나는 위기는 위험(危險)과 기회(機會)의 앞 글자를 따서 만들어진 단어임을 부정한다. 절대 아니다. 연구실에 앉아서 책을 보다가 이것저것 합성하면 "위기는 기회이다."라는 말이 나올 것이다. 그러나 내가 당해본 위기는 절대 기회가 아니었다. 생명이 오가는 위기상황! 죽느냐 사느냐의 위기! 가족이 모두 뿔뿔이 흩어져야 하는 경제상황의 위기! 해외에서 갈 곳 없이 방황해야 하는 위기! 그곳에서 나는 기회를 전혀 볼 수 없었다. 포기하는 것 이외엔 나머지 선택의 문항이 없었다.

그 후 준비한 다음에 위기가 다시 왔을 때 알았다. 위기는 준비된 자에게 기회라는 것을! '위기'와 '기회' 사이에 생략된 단어 '준비된 자'를 살벌한 위기를 여러 번 겪으면서 몸으로 배웠다. 연구실에서, 교실에서, 강의장에서 배운 '위기는 기회'라는 철학으로는 진짜 위기상황에 대처할 수가 없다. 인생의 살벌한 학교에서 경험해본 사람은 잘 알 것이다. 성공한 사람은, 그 당시를 헤쳐 나온 사람은 이미 상황이 종료되었으므로 위기는 기회라고 말한다는 것을. 아마도 이것이 진정한 비밀이 아닌가 싶다. 해본 사람들이 알더라도 표현하지 않은 것! 비밀! 얼마 전에 나온 책 『시크릿』에 나오는 것은 사실은 비밀(secret)이 아니었다. 일반적으로 우리가 알지만 잘 실행하지 않는 부분들에 대한 정리해놓은 것이었다. 사실 잘 알지만 실행하지 못하는 것이 비밀이 아니라, 이것을 실행 하도록 자신에게 적용하고 지속하도록 하는 것이 비밀일 것이다.

그렇다면 준비는 어떤 행동일까? 이론적으로 위기는 준비된 자에게만 기회라는 것을 알았다. 공감한다. 중요한 것은 '어떻게 준비할까?'이다. 위기의 시나리오는 변화한다. 앞서 말한 '준비는 완벽할 수 없다.'에 해당된다. 공식을 준비하자고 했다. 공식이란 무엇일까? 위기 대처 능력이다. 바로 이런 능력은 평소의 도전에서 얻어진다. 도전은 많은 위기를 만들어낸다. 위기 연습장이다. 도전하면 위기가 발생되고, 위기를 넘어보고, 시도하고, 실패하고, 성공하는 연습이 바로 준비이다.

생각해보기

- 향후에 내게 어떤 위기가 올 수 있을 것인가?
- 그 위기에 대한 나의 준비는 무엇인가?

준비 법칙-도전 조각을 지속적으로 끊임없이 만들라

작지만 지속적으로 하는 것이라는 의미에서 도전은 조각이라는 생각이 든다. 기회는 어느 때 올까? 앞에서 '운칠기삼(運7技3)' 이야기를 했다. 도전할 때 운이 많이 따른다는 말이다. 그런데 기술이 없으면 근처에도 갈 수 없다. 그래서 기술을 익혀야 한다. 기술은 곧 역량이다. 역량은 스스로 자기 자신을 사랑하면서 개발해야 한다. 분명히 때를 기다려야 하지만, 앉아서 감이 익기를 기다리다가는 삶의 여행이 끝나간다. 주변에서 언제 도전해야 하나요? 하고 종종 묻는다. "선생님 등산갈 때 같이 따라가면 좋겠는데요." 한다. 그래서 가기 전에 연락하면 "아, 이번엔 준비가 되지 않았어요." 하는 사람이 대부분이다. 또다시 준비 법칙에 걸리는 것이다.

앞에서 도전은 일단 시작하는 것이라고 했다. 기본 준비는 자동차에 시동을 걸어서 어디로든 출발 가능한 상태를 항상 유지하는 것과 같은 일이다. 대부분 정신과 육체에 해당되는 부분이다. 최종적으로 적합한 준비는 대부분 실제 도전을 진행하면서 된다. 한 예로 에베레스트 베이스캠프 트레킹에 도전하는 사람이 등산 장갑을 준비하지 못한 채 네팔에 갔다. 큰일 났다며 비행기 안에서 걱정이 태산이다. 카트만두에 내려 타멜 거리에 숙소를 정한다. 밤에 길거리를 걸어 다니는데 양쪽에 등산 장비점이 즐비하다. 품질도 좋고 가격도 한국보다 훨씬 저렴한 것들이 많다. 이렇듯 하나 정도 미숙해도 진행하면 현지에서 대부분 이루어진다. 어느 분은 등산을 가는데 젓가락을 가져오지 않았다고 걱정한다. 이를 우리 삶에 비교해보자. 등산은 인생이고 젓가락은 준비물이다. 만일 등산 중 젓가락이 없으면, 주변에 머리만 쓰면 활용할 수 있는 것이 너무나 많다.

역시 도전은 99%가 마음이다. 준비도 마음이다. 가끔 "가장 중요한 준비물은 오픈 마인드이다."라고 써놓은 것을 본다. 사람들은 별로 신경을 안 쓰지만, 여러 가지 도전을 해본 사람은 공감한다. 조금 상황이 어려워도 한번 하겠다는 마음이 가장 큰 준비물이다. 오픈 마인드는 꼭 사람 대 사람만이 가져야 할 것이 아니다. 상황에 대해서 마음을 열자. 어떤 상황이든지 가슴을 열고 받아들이는 것도 오픈마인드 아닌가! 이렇게 항상 오픈마인드 되어 있으면 상황에 유연하여 여러 가지 해결방법이 창조된다.

도전은 곧 창조력을 습득하는 최고의 학습장이기도 하다. 언제나 받아들일 마음을 가지고 있으면 계속해서 도전의 기회가 온다. 아니 온다기보다는 기회가 만들어진다. 길거리를 가다가도 뭔가를 보고 '나도 저거 해봐야지.' 하는 생각을 할 때 그것이 도전의 시작이다. 어떤 것으로 언제 영감을 받아도 좋다. 한때 나는 아이를 놀이방에 맡겨놓고 직장에 출근했다. 아내와 맞벌이를 해야 하는 상황이었다. 퇴근 후 아이를 데리러 가야 해서 회식도 못 하는 바람에 아내에 대한 불만이 가득했다. 불만이 가득하니 도전에 기회가 들어올 열린 가슴이 없었다. 만일 내가 열린 마음이 있었다면 아마도 자전거 뒤에다 아이가 앉아서 우유를 마실 수 있도록 장치를 고안하여 공원에서 자전거를 타는 도전을 했을 것이다. 이렇게 자전거를 타다 보면 철인 삼종경기가 눈에 들어온다. 전국을 자전거로 일주하는 기사가 눈에 들어온다. 자전거로 세계일주 하는 광고가 눈에 들어온다. 자전거로 캐나다에서 칠레까지 일주하는 사진이 눈에 들어온다.

도전은 다른 도전을 불러일으키고 결국 창조력과 열정의 에너지를 생성한다. 그래서 도전하는 사람은 멈추지 않고 계속 도전한다. 활기차다. 하루하루가 지겹지 않고 항상 새롭다. 항상 기쁘다. 항상 얼굴에 미소가 있고 활기차다. 주변에서 활동적이고 활기찬 사람을 보라. 활발해서 도전한 것이 아니다. 도전하다 보니 에너지를 얻어서 그 에너지 덩어리들이 그 사람을 재미있고 행복하고 웃음의 원천이며 행동하는 에너지의 샘으로 만드는 것이다.

생각해보기

· 당신의 주변에서 도전하는 사람에게 배울 점은?
· '도전은 오픈마인드다.' 라는 것을 스스로에게 설명해보자.
· '도전은 다른 도전을 불러일으킨다.' 라는 말을 적용할 나의 도전은 무엇인가?

도전은 상상력과 창조력의 보물창고이다, 직원교육 시키지 말라

　지금은 지혜의 시대라고 한다. 제4의 물결이라고 한다. 외우고 기억하는 것은 컴퓨터가 대체했다. 지식정보의 시대를 지나서 지혜의 시대로 진입했다. 이 시점에서 개인의 생존과 지속 가능 경영의 필수 요소는 바로 도전과 창조, 상상력이다. 그래서 기업에서도 앞 다투어 상상력, 창의력이 풍부한 인재를 양성하려 노력하고 있다.

　어떤 행위가 인간의 상상력과 창의력을 활성화시켜줄까? 그것은 바로 도전이다. 도전은 여러 가지 상황에 유연하게 대처하는 능력을 길러준다. 예를 들어 여행을 일반적인 가이드 없이 용감하게 스스로 알아서 지도를 보고 가는 것은 도전이다. 지역에 대한 도전, 스스로 해보자는 도전, 상황 변화에 대한 해결책을 만들어내는 도전, 새로운 지역문화에 대한 적응력의 도전이다. 열심히 여행한 후 내일의 스케줄을 잘 정리, 확정하고 잠자리에 든다. 아침에 새벽 버스를 타러 가니 그 버스는 이미 지나갔다고 한다. 새로운 지역, 새로운 문화에 대한 적응을 해야 한다. 스케줄을 변경한다. 이것은 아무나 할 수 있는 일이다. 그러나 진정한 도전자는 즐겁고 웃으면서 느긋하고 여유 있게 변경한다. 과거, 현재, 미래의 자신의 모든 삶의 사건을 책임지고 스스로 내면의 행복을 만들어나간다.

나는 가끔 상상력과 창의력 향상 교육을 한다. 교실에서 교재를 가지고 한다. 몇 가지 토론과 액티비티를 하고 영상을 본 후 자신의 의견과 창의성을 발표한다. 이런 수고를 통해 업그레이드되는 창의력과 스스로 어떤 도전을 통해 만들어지는 창의력은 질과 양에서 엄청난 차이가 있다. 도전하는 사람은 다른 사람이 한 것을 많이 답습하지 않는다. 스스로가 원본이고 스스로가 독창적이며 스스로 새로운 것을 겁내지 않고 시도한다. 개인의 삶에서 혹은 조직생활에서 새로운 변화에 적응하고 새로운 아이디어를 창출하는 데 도전하는 사람은 그런 것을 즐기며 생활한다. 상상력은 창의력과 연결되며 일의 성과와 연결된다. 과거의 프로세스를 아무 의문 없이 그대로 반복만 하지 않는다. 더 즐겁고 더 생산성 있는 방안을 지속적으로 연구한다. 당연히 조직의 발전에 도움이 될 수밖에 없다. 어떤 회사는 극한도전이라는 행사를 회사에서 지원한다. 직원들이 도전하도록 프로그램을 설계하고 참여케 한다. 직원의 도전은 곧 회사의 발전이기 때문이다. 평소에 이렇게 도전하는 직원이 많으면 위기상황에서 풍부한 아이디어와 빠른 실천이 가능해지기 때문이다.

여러 가지 도전에 직면하다 보니 일상적인 생활에서 나오는 변화나 새로운 아이디어 창출이 재미있어진다. 엉뚱한 상상력이 비즈니스나 정책에 활용되어 성공하면 정주영 공법이 되고 아이콘이 된다. 라이트 형제가 날개를 달고 나는 연습을 할 때 사람들은 그들을 미친놈이라고 했다고 하지 않는가! 그 덕분에 우리는 비행기를 타고 있다. 시도하는 사람을 미친놈 취급하는, 책으로 연구만 하는 자들이 있기도 하다. 그들을 이해하는 것도 또 하나의 도전이 아닐까? 우리는 도전을 통해서 어떤 수단보다도 상상력이 풍부해진다. 창조력이 왕성해진다. 진정으로 상상력과 창조력 있는 직원을 양성하려면 교실에서 하는 창의력 과정에 보내지 말라. 오지탐사를 시키거나 스스로 해외여행을 하도록 하라. 일거양득이다. 교실에서 졸고 밤엔 술 마시는 틀에 박힌 교육보다, 직원사기 앙양과 도전여행에서 얻는 창조적 마인드, 그리고 위기 대처 상상력이 훨씬 더 값지다. 그것은 회사에 유용하게 적용될 것이다.

생각해보기

- 내가 속한 조직에서 상상력과 창조성을 키우려면 어떤 시도가 필요한가?
- 우리 조직이 추구하는 가치에 도전과 창조가 있는가?
- 있다면, 우리는 실제 업무에서 도전과 창조가 이루어지도록 하는 문화가 형성되어 있는가?

도전하는 삶에서 지속적으로 해야 할 질문

　부러워하지 말자. 도전자는 부러워하는 시간에 시도한다. 질문한다. 저 사람은 저렇게 잘하는데 나는 뭔가? 당신은 뭔가? 하는 타인을 부러워하는 일은 도전의식을 심어주는 행위가 아니다. 도전 정신이 창출되는 질문은 자신의 영혼에게 질문하는 것이다. 하나의 시점을 기준 삼아 질문하라. 자신과 영혼에게. 작년 이맘때의 나와 지금의 나는 체력적인 면에서 어떤 차이가 나는가?

　작년 이맘때 나의 정신력과 지금은 어떤 차이가 있는가?

　위기 상황에서 작년과 나는 대처할 때 대담성에서 어떤 차이가 나는가?

　지속적으로 되고 싶은 어떤 것이 나에겐 있는가?

　아니면 현재 도달한 곳에서, 또 이 분야에서 어떤 최고가 되려 하는가?

　나는 특별히 배우고 싶은 어떤 것이 있는가?

　이런 질문을 하는 것은 결국 내가 이루고 싶은 꿈의 주제를 찾는 결과를 가져온다. 계속적으로 단순한 질문을 해보면 내가 뭘 하면서 살고 싶은지가 나타난다. 이것을 정리하면 꿈의 목록이 되고, 하나하나 도전할 주제가 되는 것이다. 인터넷에서 꿈의 목록을 검색하면 존 고다드의 이야기가 나온다. 부러워하지 말자. 그 사람이 127

가지를 적어놓고 하나하나 실천해간 이야기다. 이것은 곧 그 사람이 했으면 당신도 가능하다는 증거이다. 부러워하지 말자.

나는 강의시간에 적는 것의 위력을 아무리 이야기해도 필요성을 느끼지 못하는 경우를 많이 본다. 대부분 머릿속에 하고 싶은 목록은 소망으로 들어 있다. 적어서 이루어진 사례를 보고 듣고 같이 연구하고 증명된 것을 서로 이야기하면서도 본인은 정작 기록하지 않는다. 참으로 아이러니하다. 고심한 끝에 결론은 아하! 하고 깨달았다. 모든 사람이 적으면 모두 이루어져서 세상이 재미없게 되는 이치인 것이다. 적지 않은 사람은 꿈이 없다. 비전이 없다. 꿈의 목록 하나하나가 목표로 전환되어 그 목표가 이루어졌을 때의 생생한 그림을 그려야 한다. 우리는 생각한 것을 얼굴에 나타낸다. 인간의 본성이다. 그래서 꿈이 있는 사람은 밝고 생기가 넘친다. 어쩌면 "꿈이 있습니까?"라고 묻지 않아도, 얼굴만 보고 꿈의 유무를 알 수 있다. 꿈의 목록은 목표를 퍼올리는 샘물이다. 많을수록 좋다. 이 중에서 장기, 단기로 나누어 달성 기일을 정하고 이루기 위한 단계를 정하면 목표로 전환되는 것이다. 그래서 목표는 꿈의 목록으로 거슬러 올라가 진한 연결 관계를 가지고 있어야 한다. 하고 싶다는 강한 열망인 상태에서 현실적으로 가능한 상태로 전환되는 것이 꿈에서 목표로 전환되는 것이다. 꿈과 목표와의 관계를 정확히 이해하면 도전을 성취하는 데 많은 도움이 될 것이다.

생각해보기

- 스스로 1년 전의 건강과 지금의 건강을 비교하면?
- '꿈은 목표의 샘물이다.' 라는 의미를 다시 새겨보자.

목표를 제거하라?

기회는 만들어야 한다. 하지만 그 대가로 뭔가를 제거하지 않으면 안 된다. 왜? 한정된 시간에 너무 많은 일을 하는 것은 이치에 맞지 않을 뿐더러 제대로 될 리가 없기 때문이다. 사탕을 한 주먹 집어서 던지면 거의 하나도 잡지 못한다. 그런데 "던질 테니 잘 받으세요." 하면서 3개를 던지면 1개 이상은 거의 받는다. 목표란 무조건 많다고 좋은 것은 아니다. 가장 좋은 목표의 숫자는 집중 목표 3가지 정도이며, 그 다음 차기에 진행할 목표로 많은 시간투자를 하지 않아도 되는 것 3개 정도로 조사된 일이 있다. 어쩌면 그런 원리는 꼭 조사하지 않아도 되는 것 같다. 만유인력이 원리이고 법칙이라고 해서 우리가 매번 그것을 증명하면서 사용하지는 않는다. 너무 당연하기 때문이다. 마찬가지다. 목표도 너무 많으면 좋지 않다. 집중된 힘이 투여되지 않고 분산되어 모두 다 그르칠 가능성이 생긴다. 첫째 목표가 10개 이상이라면 좀 제거하라. 여기서 목표와 꿈의 목록은 다르다. 꿈의 목록은 많을수록 좋다. 1,000개도 좋다. 너무 많은 목표는 다시 꿈의 목록으로 이관시키는 것을 제거라고 한다. 잠시 꿈으로 보내서 현재 집중해야 할 목표에만 에너지를 집중 투여하는 것이다.

둘째, 제거하기 위해서 작년과 비교해보자. 하지 않아도 될 일이나 습관 등을 지속하고 있는지 자기 자신을 돌아보라. 이것을 리플렉션(reflection)이라고 한다. 인간에게 특히 강하게 있는 상상력을 통하여 자신을 돌아보는 힘이다. 그렇게 하여 비우라. 가끔 시간관리나 자기관리 강좌에서 보면, 시간을 매트릭스로 나눠놓고 뭔가로 채우는 것을 본다. 큰 것을 채우고 나머지 잔챙이는 나중에 채우면 하나의 병에 다 들어간다. 그런데 이보다 더 중요한 것은 어느 것이 큰 것, 즉 중요한 일이고 어느 것이 작은 것(사소한 일)인지를 구별할 줄 아는 판단력이다. 그래야 유리병이라는 한정된 시간 속에 우선순위에 따라서 넣을 것을 고를 것 아닌가! 사명서를 만들어놓고 사명과 연계되는 것은 중요하고 그렇지 않으면 사소하다고 하기도 하지만, 이것 역시 실제로 해보면 뚜렷이 큰 돌, 작은 돌을 구별할 수 있는 기준은 아니다. 큰 돌 작은 돌은 상황과 시간에 따라서 그 크기와 색깔을 변화시키는 살아 있는 생명체 같기 때문이다. 그러므로 시간을 관리하지 말고, 시간을 만들라.

리더는 관리하는 자가 아니라 도전하는 자이다. 현실에 도전해서 매일 같은 방법으로 하던 것을 새로운 방법으로 도전한다. 그림과 같이 현재 하고 있는 것을 나열한 다음 제거할 것을 그려보자. 그러면 현재 뭘 제거해야 하는지 알 수 있다. 가족대화, 여행, 고객관리, 등산, 독서, 계획 등에서 이번 주에 버려야 할 것도 있다. 이들 모두 큰 돌이지만 모두 다 할 수 는 없다. 제거를 잘하다 보면 마음의 여유가 생긴다. 제거란 사라져버리는 것이 아니다. 잠시 다른 곳에 보관한다고 여기는 것이다. 마음의 여유는 시간이 많다고 생기지 않는다. 환경을 내가 통제 가능할 때 여유가 생긴다. 그래서 셀프리더는 스스로 삶에 도전하면서 시간을 관리하려는, 그 관리 자체에 시간을 낭비하지 않는다. 시간을 관리하는 데 투자하지 말고 시간을 만들어내는 데 투자하라. 그 중에 가장 좋은 것은 일찍 일어나기이다. 이것은 시간을 창조하는 가장 기본적인 것이다. 그럼에도 불구하고 너무 쉬워서 너무 어렵다.

[그림 5] 욕심으로 세운 너무 많은 목표는 이루어지기 어렵다. 시간이 한정되어 있기 때문이다.

[그림 6] (제거하기 사례) 우선 목표를 정리하여 우선순위를 두고, 머릿속을 비우고 잠시 꿈의 목록에 이전시켜보자.

제거하는 것은 결코 쉬운 일이 아니다. 몸을 해치고 경제적 손실을 가져오면서도 제거하지 못하는 것들이 있다. 그 한 예가 알코올 섭취 제거에 관한 도전이다. 쉽지 않다. 담배를 제거하는 것 역시 쉽지 않다. 결국 갈 때까지 가서는 오래된 습관에 도전하여 제거하는 경우를 종종 본다. 3년 전 갑자기 담배를 끊은 분에게 물었다. "그리도 자주 금연하겠다고 말씀만 하고 계속 피우시더니, 어떻게 끊을 수 있었습니까?" 그러자 그분은 심각하게 대답했다. "병원 진단을 받았더니 폐암일 확률이 있다더군요. 다음 주 다시 검사받기로 했어요." 지금 그분은 건강하다. 얼마 전 그분이 한 이야기이다. "담배 없는 세상이 이리도 편하고 좋을 줄 몰랐어요. 담배 없으면 허전하고 심심하고 공허하고 세상이 재미가 없을 줄 알았는데…." 그래서 도전은 결과가 두렵지만 일단 성공하고 나면 성취감, 자부심, 자존감이 커진다. 도전은 일단 개인의 생각을 뒤집어보는 것에서 그치는 것이 아니라 실행해보는 것이다. '그럴 것이다'가 아니라 '해보니 그렇다, 아니다'라는 명쾌한 경험, 체험, 결론이 나와야 도전 했다고 할 수 있는 것이다.

생각해보기

· 지금 당장 제거할, 너무 많은 목표에 해당되는 것은 무엇인가?
· 이제껏 해봐도 계속 실패했지만, 다시 도전할 것은 무엇인가?

도전이 쉽지 않다고 해서
하늘만 쳐다보지 말라

이런 우스갯소리가 있다. 어느 정신병자가 병원에 가서 진단을 받는다.

"선생님, 침대 위에서 잠들려면 침대 아래에 누군가 있어요. 침대 아래로 가면 또 침대 위에 누군가 있어요. 잠을 못 자 몽롱하고 직장에서 일도 제대로 하지 못하고 있습니다."

의사는 그에게 월 200만 원씩 드는 정신과 치료를 1년 정도 받으라고 했다. 환자는 집으로 돌아왔다. 병원으로 다음날 올 줄 알았던 환자가 오지 않았다. 왜 병원에 오지 않았느냐고 의사가 전화로 물으니 해결이 되었다고 한다.

"어떻게 해결하셨어요?"

"제가 잘 가는 포장마차 아저씨가 해결해주었어요. 포장마차 아저씨가 직접 저희 집에 왔어요. 침대 다리를 잘라내 주시더군요."

그 후 잠을 잘 잘 수 있었다고 한다. 해결책은 의외로 쉽다. 수많은 교육에 가서 반성하고 책을 읽고 자기성찰을 한 다음에 나쁜 습관을 제거하려 하는가! 그런 태도 자체를 반성해보자. 서울에서 운행하면서 자동차에 기름을 넣으려고 부산처럼 멀리 있는 주유소에 가서 기름을 넣어가지고 오는 경우가 아닌가! 어떤 문제나 도전을 간단하게 해결하는 것을 나는 '김유신의 말대가리' 전법이라고 한다. 김유신이 술 마시는 습관을 고치고자 했는데, 말이 습관적으로 주막을 찾아갈 때 행했던 단칼작전이다. 이 작전은 우물쭈물하지 않는다. 서서히 하지 않는다. 한 번에 싹둑 잘라버린다. 고민하지 않는다. 쉬운 방법이라고 무시하지 말고 실행해보자. 어떤 사람은 작심삼일을 지속하면서 결국 금연에 성공하기도 하고, 어떤 사람은 김유신 말대가리 전법으로 성공시키기도 한다. 자신에게 맞는 것을 실행하면 된다. 시도하지 않은 것이 실패이지, 성공하지 못한 것이 실패가 아니다.

생각해보기

· 도전하기도 전에 너무 복잡하게 생각하는 것은 무엇인가?
· 단순화하는 상상을 해보자.

도전은 육체와 정신의 연결을 알게 한다

도전은 극한 상황까지 가게 되면 정신이 육체에 연결되어 있다는 것을 느끼게 해주기도 한다. 굳이 극한 상황까지 갈 필요는 없지만, 극한상황의 가장 큰 소득은 바로 이런 느낌을 오랫동안 지속토록 해주는 것이다. 교실에서 며칠 교육받은 것보다 훨씬 더 약효가 강력하고 오랫동안 지속된다. 이것을 기억하면서 평상시 생활에서도 자신의 습관이나 태도에 적용하여 개선하고 즐겁고 건강한 삶을 위해 노력하게 해준다.

평소 하찮게 여기는 걸음걸이 하나가 나의 정신과 깊은 관련이 있다. 우리 몸은 어떤 때 가장 아름다운가? 훤칠한 키, 떡 벌어진 가슴, S라인? 팔등신? 등을 생각할 것이다. 여기에 가장 좋은 것은 균형 잡힌 몸매이다. 사람마다 타고난 신체의 조건이 다르다. 작은 키지만 몸의 균형이 잡히고 볼륨감이 있으면, 큰 키에 어정쩡한 균형보다 훨씬 더 보기 좋다. 이런 균형 잡힌 몸매의 출발점은 무엇인가? 이것은 타고나는 것보다 후천적으로 만들어지는 것이 더 많은 부분을 차지한다. 똑바로 걷는 것이다. 올바른 걸음걸이는 육체의 균형에 많은 영향을 준다. 이것은 건강한 삶의 출발점이다. 자세히 보라. 앞에 걸어가는 사람의 걸음걸이가 올바른가? 걸음걸이에서 가장 기초는 발의 모습이다. 많은 사람들이 앞부분이 벌어진 팔자 형태를 취한다.

그런데 몸의 균형이 잘 잡히고 날씬한 다리를 가진 사람을 보라. 길게 직선을 그어 놓은 듯 위를 걷는 것처럼 보인다. 이 사람은 원래 균형 잡힌 몸매를 타고나지 않았다. 걸음걸이 습관이 육체를 그렇게 이루어지도록 만든 것이다.

비싼 옷을 걸쳤으나 뭔가 균형이 잡히지 않은 몸매와 길거리에서 청바지를 사 입었어도 균형 있는 몸매 중에서 당신은 어느 쪽이 더 아름다워 보이는가? 이 또한 우리가 먼저 선택한 정신의 문제이다. 거부하지 말고 지금 당장 시작해보라. 이는 곧 여러 가지 육체건강과 관련하여 연결고리를 가지고 있다. 걸음걸이가 아름답게 이루어지면 허리가 올바르게 곧아지고 다른 질병도 서서히 개선된다. 이것을 느끼면 정신과 육체가 면밀히 연결되어 있다는 사실을 믿게 되고, 이 믿음은 여러 가지 도전을 가능하게 해주는 기초가 된다.

생각해보기

- 나의 걸음걸이는 균형 잡혀 있는가?
- 스스로 걸음걸이를 보고 좋은 몸매를 위하여 수정해보고 있는가?

꺾인 것을 다시 펴라

우리는 누구나 과거에 들은 한 마디 말이 영원히 상처가 되어 도전에 장애물로 작용하는 경험이 있을 것이다. 특히 자아가 성숙지 못한 학창시절에 그런 경험들이 많이 있다. 어떤 이는 중학교 때 영어 교과서를 읽는 중에 life라는 단어의 발음을 '리페'라고 하여 폭소가 터졌다. 그때부터 그는 영어와 담을 쌓고 살았다. 제법 영어를 많이 접해왔음에도 불구하고 대학 졸업 후까지 과거의 상처가 아직도 장애물이 되어 건너지 못하고 있다. 도전 에너지의 줄기가 꺾인 채 펴지고 있지 않은 것이다. 바람에 꺾인 대나무가 죽진 않았지만 꼭대기까지 수분 공급이 되지 않아 꺾어진 곳부터는 제대로 자라지 못하고 있는 모양과 흡사하다. 이와 반대로 영어시간에 알파벳을 잘 썼다는 선생님의 칭찬 한 마디에 미국에서 상원의원이 된 사람도 있다. 그래서 자라나는 아이들에게 는 칭찬의 위력이 대단하다고 한다.

하지만 우리는 칭찬만 받고 살 수는 없다. 다른 많은 사람들로부터 웃음거리가 된 것은 이미 지나간 과거이다. 그것은 인간의 능력을 벗어나는 일이다. 생각해보자. 그때 웃었던 영어시간의 동창생들이 다 모였다고 가정하면 몇 사람이나 그 사건을 기억할까. 어쩌면 한 사람도 기억하지 못할지도 모른다. 단지 자기 혼자 아직도 치유하지 못한 채 영어라는 말만 들으면 그때 그 사건이 떠오르는 것이다. 과거로 돌아가서 그 순간을 다시 긍정적인 상태로 원위치시키는 것은 인간의 능력이 아니다. 하지만 그 사건을 냉철히 분석해서 아무것도 아닌 것으로 인지하고 교훈으로 삼는 것은 인간의 능력이다. 과거의 그 사건을 상상해서 그림을 지우는 것도, 마음속의 이미지를 그려서 스스로 이젠 없어졌다고 신념화하는 것도 하나의 방법이다.

영어시간의 좋지 않은 사건을 하나의 예로 들었다. 하지만 우리는 그뿐만이 아니라 수많은 과거의 장애물을 스스로 버리지 못하고 있다. 각자 효과가 좋은 방법을 찾아서 버리는 시도를 해보자. 종이에 써서 태워서 날려 보내자. 돌멩이에 매직으로 적어 넣어 강으로 던져보자. 팔뚝에 수성 매직으로 굵게 쓴 다음 비누로 닦아내보자. 그리고 냉철하게 생각하자. 그 사건은 나만 기억하는 것일 뿐 지금은 아무런 의미가 없다고. 그래서 도전의 방해물이 되지 않도록 스스로 만들어보자.

생각해보기

· 나의 과거 장애물은 무엇인가?
· 그것을 없애는 상징적인 방법으로 어떤 것을 실천할 것인가?

도전하기 싫은데…

정말 나는 도전하기 싫은데, 왜 자꾸 나에게 이런 시련이 다가옵니까? 하는 사람은 복 받은 사람이다. 그 사람이 이런 마음을 가지고 있을 경우에는 다음과 같은 맹자의 교훈을 떠올리자.

하늘이 어떤 사람에게 큰 임무를 내리려 할 적에는
반드시 먼저 그의 마음과 뜻을 고통스럽게 하고
그의 힘줄과 뼈를 피곤에 지치게 하고
그의 육신과 살갗을 굶주림에 시달리게 하고
그의 몸에 아무것도 남아 있지 않게끔 한다.
그리고는 그가 행하는 일마다
그가 원하던 바와는 완전히 다르게 엉망으로 만들어놓곤 하는데,
그 이유는 그렇게 함으로써 그 사람의 마음을 뒤흔들어놓고
그 사람의 성질을 참고 견디게 하여
예전에는 해내지 못하던 일을 더욱 잘할 수 있게 하기 위해서이다.

- 맹자(孟子) 『맹자』의 고자 편(告子篇) -

아무나 받을 수 있는 혜택이 아니지 않은가? 우리 인간이 사는 세상에서는 뭔가 큰일을 할 사람은 과거에 어떤 경력이 있는가를 알아보고 판단한다. 이력서를 검토하여 그 일을 맡긴다는 뜻이다. 그럼 이력서를 장식할 것이 무엇인가? 우리가 흔히 성취 스토리라고 부르는 것이다. 예를 들어 다 쓰러져가는 회사를 아주 영업이 잘되는 회사로 바꾸어놓은 경력은 당사자의 도전 점수를 후하게 주게 한다. 이런 이력서를 만들려면 도전을 많이 받아야 한다. 뭔가 더욱 어려운 일이 나타나면 중얼거려보라. "일이 좀 어려워야 할 맛이 난다."라고. 말은 당시 어려운 상황에서 긍정적인 돌파구를 바라볼 수 있는 여유를 준다. 머릿속에서 어떤 방향으로 할지 막막해도, 일단 말은 자신 있다는 표현과 여유로운 표현을 해보라. 어려운 상황에서 겪은 경험으로는 모두가 다 잘 풀렸다. "이런 어려움은 내가 아니면 누가 하겠어? 까짓것, 하늘이 나를 더 높이 세우려고 또 시험을 하는구나." 라고 마음먹고 도전하자. 마음을 먹는 다는 것은 각오한다는 것이다. 우리는 각오하고 나서 바로 잊어버리거나 상황에 도전하여 좌절하게 된다. 이것을 극복하게 하는 것이 바로 지속적으로 언어로 표현하는 것이다. 이는 곧 무의식에 전달된다. 이런 것을 자주 하다 보면 자동적으로 뇌가 알아차린다. 굳이 밖으로 표출하지 않아도 자동으로 마음이 먹어진다. 우리 몸에 내재화 된 자동실천 시스템이다.

생각해보기

- 어려움을 극복한 이후에 더 큰 어려움을 넘어간 경우를 생각해보자.
- 앞으로 내게 더 큰 역할을 주려고 하늘이 어떤 시험을 할 것 같은가?

제 2 장

실행의 힘

실행은 마술이다,
과정이 생략된 것처럼 보인다

마술을 보고 사람들은 왜 놀라는가? 과정이 이해가 가지 않기 때문이다. 잘라진 사람이 붙는가 하면, 아무것도 없는 속에서 비둘기가 날아가고 펑하고 불꽃이 터지기도 한다. 신문지에서 갑자기 물이 나오기도 한다. 참으로 신기하다. 세상의 원리상으로 보면 맞지 않는 것이다. 세상의 원리는 물이 아래로 흐르고, 잘라진 사람은 아파야 하며, 바구니 속에 비둘기가 있어야 나올 수 있는 것이다. 그래서 도전은 마술이라고 표현한다. 요즈음 관심을 가지고 보면 곳곳에 인공 암벽장이 있다. 물론 안전장치로 자일을 묶고 올라가지만, 보기만 해도 섬뜩할 정도로 스릴 있게 암벽을 오른다. 구경꾼들은 오르는 사람이 하루아침에 근육이 생기고 기술이 만들어져서 올라간다고 생각한다. 왜냐하면 자신과는 너무나 다른 대단한 사람으로 여겨지기 때문이다.

건방진 말이지만 난 그렇게 생각지 않는다. 왜냐하면 구경하던 사람도 암벽에 도전해서 연습하다 보면 오히려 부럽게 바라보던 그 선수보다 더 잘하는 것을 여러 번 보았기 때문이다. 나 또한 그 당사자이기 때문이다. 그래서 도전 중간에 도전하는 사람이 노력한 것은 보이지 않아서 마술과 같다. 도전하지 않은 자가 구경꾼의 입장에서 볼 때는 이루어지지 않을 것처럼 보인다. 그러나 본인이 직접 도전하면, 시간이 가면서 하나씩 하나씩 보이지 않던 기술들이 나타난다. 그 일이 변해서가 아니라, 도전하는 사람 스스로가 역량과 관련 기능이 발전하며 질이 좋아지고, 몰입의 힘에 의해서 일이 이루어지게 하는 에너지가 창조되기 때문이다. 오로지 그것을 이루려고 골똘히 생각하는 마음은 이루어지는 기적을 하나씩 불러들인다.

뭔가를 제대로 하는 데는 10년이 걸린다. 가만히 생각해보라. 아이가 자장면을 흘리지 않고 먹을 수 있는 나이를, 또한 대변을 스스로 가릴 나이는 몇 살인가를…. 그런 일상적으로 매일 하는 일도 10년이 걸려야 한다. 10여 년에 걸쳐서 어렵게 이루어진 도전을 관중들은 중간생략하고 과정이 없이 빠르게 보는 비디오처럼 보기 때문에 마술처럼 보인다. 당연지사다. 산 아래에 있다가 갑자기 순식간에 정상에 선 것처럼 보일 것이다. 김연아 선수가 갑자기 나타나 금메달을 획득한다. 언론에 나오지 않아서 그렇지 주변에 믿지 못할 정도로 멋진 도전 사례들이 많다. 그러나 그 많은 도전의 성공은 절대로 그냥 이루어지지 않았다. 한 발 한 발 디뎌서 정상에 올라선 것이다. 한 걸음 한 걸음 옮겨서 목적지에 다다른 것이다. 과정을 보

[그림 8] 등반을 하다 보면 근육이 형성된다. 처음부터 잘하는 사람은 없다. 자전거를 타다 보면 다리가 튼튼해지는 것이지, 튼튼해서 잘 타는 것이 아니다. 앞뒤를 약간만 바꾸어 생각해보자. (마이산에서 실제로 등반하는 모습-김인백)

지 않고 정상만 보면 도전은 마술이다. 그래서 더 자세히 살펴보아야 어떤 원리로 도전이 달성된 것인지 알 수 있다. 남들이 한 것을 순간에 이루어진 것으로 보면 자신은 더욱더 힘들어진다. 초라해지기도 한다. 스스로가 도저히 넘을 수 없는 벽으로 무의식에게 심어준다. 마술처럼 보이는 도전의 프로세스를 보면 알 수 있듯이, 여기엔 이루어지는 시스템이 작용한다. 이것이 바로 일이 이루어지는 원리이다. 이 시스템은 단순하다. 우주의 원리는 복잡하지 않다. 누군가 말했다. 전기에 대한 복잡한 지식이 없어도 당신이 전기를 잘 활용하면 되는 것처럼 단순하다. 자동차를 운전해서 목적지에 가면 된다. 일일이 자동차가 만들어지는 프로세스를 알 필요는 없다. 즉 사용할 줄만 알면 된다. 누구나 다 원리 사용 면허증을 선물로 가지고 지구별에 온다. 이런 것이 시스템이다. 이후로 나오는 연못법칙, 아이콘 이론 등이 모두가 다 시스템인 것이다.

생각해보기

· 내 삶에서 도전하고 싶은데 실행하지 않는 첫 번째 것은 무엇인가?
· 있다면 그것의 첫 걸음은 무엇인가?
· 자신의 실행에 문제가 있다면, 실행시스템을 보고 생각을 바꿀 것은?

저기 산이 있다, 그 산을 오르는 도전의 원리

저기 산이 있다. 당신이 저 산을 오르기 원한다면, 한 발자국 한 발자국 그 길을 똑바로 보고 걸어가면 어느새 그 목표 지점에 와 있는 당신을 발견할 것이다. 그렇다. 바로 눈앞에 산을 상상해보자. 그리고 걸으라. 상상의 산을 오르듯이 실제도 마찬가지다. 이 또한 시스템이다. 원리다. 이걸 다른 분야에 그대로 이용하면 그 분야 역시 성공시킬 수 있다. 그래서 한 가지를 도전하여 성공한 사람은 연속으로 다른 분야 또한 두려움 없이 도전한다. 일이 이루어지는 원리를 파악했기 때문이다.

나는 가끔 산을 오른다. 인생이 산과 닮았는지 사막과 닮았는지 알고 싶었다. 산도 가보고 사막도 가보고 바다 속도 가보았다. 번지점프, 히말라야, 사하라 등지도 가보았다. 가보고 나서 내려지는 결론은 인생은 모두 다 닮았다는 것이다. 산 아래 서면 정상이 보이지 않는다. 어려울 것 같다. 한 발만 가면 된다. 더도 말고 한 발만 앞으로 뻗고 디디면 된다. 그것이 연속되면 발자취가 될 것이다. 겨울에 홀로 백운산 아래서 차를 내렸다. 아마도 가장 추운 날이었을 것이다. 스틱을 잡은 손이 쩍쩍 얼어붙는다. 홀로 배낭을 메고 한 발 한 발 오른다. 길이 없다. 내려올 때 길을 잃으면 위험하다. 올라갈 때는 괜찮다. 각오하고 왔기 때문이다. 저곳을 오르리라는 대단한 마음이 있기 때문이다. 배낭에 먹을 것도 있다. 텐트도 있다. 겨울 침낭도 있다. 길을 잃으면 안전한 곳에서 텐트를 치고 야영하면 된다. 내려올 때는 먹을 것이 없어서 힘이 빠지면 쌓인 눈으로 인하여 낭떠러지에서 발을 잘못 디딜 수 있기 때문이다. 통계적으로 산에서 나는 사고의 80%는 하산 때 일어난다. 그래서 우리 삶과 산이 닮았다고 하는 모양이다. 인생의 오르막 내리막은 당연지사고, 40대 이후에 많은 일중 내리막이 더 많이 발생한다.

　나는 시각 장애 우들과 가끔 마라톤을 한다. 그러면서 느끼는 것이 장애인은 장애인이 아니라는 사실이다. 그분들은 이미 삶의 산을 넘어서 경지에 도달한 것 같다. 머리 속이 긍정과 희망 열정 웃음으로 가득하다. 실지로 몸은 달릴게 다 달려서 정상인 이라고 스스로 착각하는 진짜 장애인을 주변에서 많이 본다. 이것이 바로 그 산을 오르는 도전의 원리이다. 어렵지만 하다 보면 즐거워 지고 옆에서 보면 고통스러운 일인데 땀 흘리는 자신은 보람 있고 성취감을 느끼는 것이 바로 산을 오르는 것이다. 이것은 도전의 혜택이다. 시각 장애 우 들은 엄청난 삶의 산을 이미 올랐다. 그들 앞에 나타나는 작은 산은 언덕처럼 쉬워진다. 즐거운 일을 찾는 것보다, 지금 가능한 일에 온 몸을 던져라. 그럼 그 일이 즐거워 진다. 오르기 힘든 산의 초입에는 힘이 많이 든다. 어느 정도 오르다 보면 몸이 적용하고 힘든 속에서 즐거움을 찾는다. 결국엔 성취감으로 나타나 자신감과 연결되고 도전정신을 높여주는 것이다. 나가라…책보다 교실보다 산에서 들에서 자연에서 더 많이 배우라!

· 현재 내 앞에는 어떤 산이 있는가?
· 이 산을 오르기 위하여 내가 실행해야 할 것은 무엇인가?

첫날 법칙

12월에 준비한 계획을 처음 실천하는 1월 1일 아침의 마음이 1년 간 지속된다면, 새 책을 받고 행복한 마음으로 공부 계획을 세우던 마음이 지속된다면, 동그라미 하루생활계획표를 크레용으로 색칠하던 마음이 지속된다면, 아마도 정신은 기능을 능가할 것이다. 마음 먹은 것은 정신이다. 기술은 역량이다. 내가 조금 미진한 부분은 이 첫 날의 마음으로 모두 보완된다. 연애하던 처음 순간을 지속적으로 간직할 수는 없지만, 가끔 생각하고 반성만 해도 이혼이라는 결말을 맞이하지 않을 것이다. 첫 출근 하는 날 구두를 신던 마음과 양복을 입는 마음으로 회사 문을 들어서면 나태해지지 않을 것이다. 병원에서 퇴원하는 날 생각한 '건강이 최고지.' 하는 마음이 지속되면 아픈 날이 거의 없을 것이다. 이런 생각은 아파지기 전에 작은 징조라도 미리 알아서 예방하게 한다. 많이 아파지기 전에 우리 몸은 작은 신호를 보내기 때문이다. 감기에 적용해보라. 틀림없이 예방된다. 감기는 한 번에 혹 하고 몰아닥치지 않는다. 뭔가 징조를 먼저 보내준다. 몸이 으스스하다든지 너무 피곤하다든지 컨디션이 저하된다. 이때 빨리 적정한 조치를 취하면 감기는 살짝 비켜간다.

이런 경험은 많이 해봤다. 누군가에게 알려줬더니 탁월한 효과를 보았다고 한다. 개업한 첫 날처럼 고객을 맞이하면 파리 날릴 일이 없을 것이다. 음식점에 가면 왜 손님이 없을까 하고 고민하는 주인이 있다. 본인은 잘 모른다. 그러기 전에 진단하고 처방했어야 했다. 조금 지난 뒤 알게 되면 본격적인 영업감기궤도에 진입한 상황이라서 처방이 불가능하다. 업종을 변경하거나 폐업하든지, 단단히 마음먹고 처음으로 다시 돌아가는 것이다. 여행을 떠나기 전날 밤의 설렘과 출발 전의 설렘을 가지고 산다면 항상 활기 넘칠 것이다.

도전은 여행이다. 시간여행이기도 하고 가끔은 공간여행과 더불어 진행되기도 한다. 시간여행의 도전은 동일 공간에서 테마를 지속하는 것이다. 예를 들어서 외국어에의 도전, 헬스클럽 운동에의 도전 등이다. 공간도전은 자전거로 전국 일주, 제주도 한 바퀴 돌기, 설악산 등산 등이다. 도전은 여행 자체이기 때문에 활발한 태도, 적극적인 마인드, 열정적인 에너지를 만들어준다. 이렇듯이 첫 날 시스템은 늘 새 마음으로 도전을 포기하지 않고 지속적으로 성공하도록 도와준다. 이것이 보이지는 않지만 마술에서 일어나는 시스템과 같은 원리로 도전이 이루어지는 원리이다.

생각해보기

· 나의 삶에서 '첫날법칙'이 적용될 부분은 무엇인가?
· 그 부분에 어떤 방법으로 마음을 설레게 만들 수 있는가?

남이 한 것은 나도 할 수 있다

도전은 자취를 남긴다. 나는 뭘 잘하지? 현재에만 존재하는 우리에게 과거와 미래를 가볼 수 있도록 한다. 미사일이 목표를 추적하듯 도전은 실질적 경험을 통하여 내가 잘하는 일을 발견하게 해준다. 상상 속에서 교실에서 연구실에서 책에서 헤어나지 못하는 두려움을 제거해 준다. 그렇다. 도전을 하다 보면 세상 여러 가지 일 중에서 나의 잠재 역량에 최고로 적합한 일이 무엇인지 알 수 있게 된다. 이것은 어림짐작으로 파악한 것이 아니다. 적성검사로 결정한 것도 아니다. 얼렁뚱땅 주먹구구식으로 찾은 것도 아니다. 실제 도전을 통해서 얻은 것은 결국 상위 10%에서 상위 3%로 올라가게 해준다. 피터 드러커는 스스로 질문했다. '뭘 잘할 수 있지? 이대로 하면되는 것인가?' 그는 결국 영국에서 은행원으로 일하다가, 개인의 부를 축적해주는 일을 하는 것보다는 많은 사람에게 자신의 경영철학을 전달하는 것이 더 잘할 수 있는 일임을 알고 미국으로 가서 도전했다. 누구나 다 할 수 있다고 한다. 그렇다. 매일 어떤 일을 하는가에 따라서 10년 후에 자신이 어디에 있고 , 어느 사람들과 만나고 , 어떤 곳에 살지를 스스로 결정할 수 있다.

인간의 능력은 누구나 다 비슷하다. 인간이 무거운 자동차를 번쩍 들 수는 없다. 인간이 하늘을 날 수는 없다. 인간이 바다 속에서 아무런 장비 없이 한 시간을 견딜 수는 없다. 그렇듯이 스스로 못난이라고 생각하는 사람과 세계 최고로 잘난 사람의 차이는 결국 생각의 틀에 있다. 스스로 자존감을 생성하라. 자신감을 가져라. 다른 사람과 나는 똑같은 인간으로 그다지 많은 차이가 나지 않는다. 헨리 포드는 '실패는 성공으로 가는 교훈을 얻는 것에 지나지 않는다.' 라고 했다. 도전에 성공한 사람과 실패한 사람의 차이는 바로 그 실패를 인식하는 차이이다. 그 이상도 이하도 아니다.

생각해보기

· 당신의 도전에서 실패했던 것 중에서 새롭게 인식할 것은?
· 그 도전을 다시 하게 된다면 첫째로 실행할 일은 무엇인가?

부러워하지 말고 계획을 세우자

사하라사막에 갈 때나 알래스카 맥킨리에 도전할 때, 태국에 클라이밍을 갈 때 나는 항상 이런 소리를 듣는다. 내가 운영하는 '내 삶의 여행' 카페에도 댓글이 달린다.

"이번엔 또 어디를 가십니까? 부럽습니다."

이런 말을 들을 때면 나는 꼭 댓글을 달아준다.

"부러워하지 마세요. 그 시간에 계획을 세우세요"

도전 잠재 능력면에서 인간은 누구나 다 똑같다. 도전하는 사람은 시간과 돈이 충분할 때 뭔가를 하려 하면 또다시 어떤 제약이 발생할 것을 안다. 그런 때는 우리 삶에서 다가오지 않기 때문이다. 그렇다. 뭔가 한 가지 미흡해도 계획을 세우고 도전하는 마음 상태를 유지하자.

어떤 이는 "그냥 머릿속에 다 있는데 무슨 계획을 꼭 세워야 하나요?" 하고 묻기도 한다. 이론적으로 근거를 정확히 밝힐 수는 없지만, 눈으로 보이게 계획을 세우는 것이 더 실행에 가까이 갈 수 있다는 것은 수차례 증명된 바 있다. 눈으로 보이는 계획은 곧 글로써 쓰는 것이다. 글을 '그림화'하면 뇌는 더 쉽게 받아들인다. 이것을 시각화라고 한다. 그것이 곧 '비전 보드'라는 것이다. 자신이 이루고 싶어 하는 모습을 잡지나 신문 등에서 오려내어 보드에 부착하는 간단한 일이다. 간단한 일이라고? 비전이 있는 사람에겐 간단한 일이다. 그러나 비전이 없는 사람에겐 무척 어려운 일이다. 나는 이것이 쉽다고 여기는 사람과 어려워하는 사람을 보면서, 비전 있는 사람과 비전 없는 사람을 확실히 구별해내는 방법을 알게 되었다. 실제로 내가 잘 아는 지인이 비전 보드 설명을 듣고 당장 집에 가서 만들겠다고 내게 약속했다. 일주일 후 물었더니, 그는 조금 있다가 만들겠다고 한다. 한 달 후 다시 물었다. 조금만 기다리면 될 것 같다고 한다.

결국 그는 5년이 지난 지금까지도 그의 비전 보드를 만들지 못하고 있다. 그런 사람에겐 정말 어려운 일이다.

[그림 9] 천정에 하고 싶은 목록을 써서 붙여놓았다. 윗몸일으키기를 하면서 꿈을 하나하나 각인하면 효과적이다.

그러나 비전이 있는 사람에겐 아마 한 시간이면 충분하다고 본다. 하고 싶은 일을 글로 써보다가 여러 가지 형상대로 그림을 그리든지 오려붙여서 매일 보이는 곳에 놓아두자. 그러면 실행에 더 가까워진다. 남이 한 일은 나도 할 수 있다는 자세를 갖자.

그리고 부러워하지 말자. "나도 곧 그렇게 하겠다."라고 하든지, 아니면 말없이 계획을 만들어보자. "당신이 정말 부럽다."라고 말하는 순간 내 뇌는 '나는 할 수 없는 것을 이 사람은 하는구나.'라고 판단하여 스스로가 불가능하도록 결정짓는 무의식의 최면을 걸어버리고 만다. 능력의 차별을 스스로 만들어버리는 것이다. 이제는 계획을 초등학생처럼 동그라미에 빨강, 파랑 색으로 구분하고, 시간가는 순서대로 구역을 나누어 계획을 세우는 단계는 지났다. 계획의 큰 그림을 보라. 그리고 작은 그림도 보라. 그래서 매일 보이도록 하라.

내가 쓰는 가장 좋은 방법 하나를 소개하면, 전지에 매직으로 써서 천정에 붙이는 것이다. 매일 도전에 대한 갈망으로 윗몸일으키기를 하면서 하나하나 다시 이루어질 날을 기대하고, 방법을 찾고, 잊지 않고 상기시켜주는 것이다.

생각해보기

- 평소에 나는 남이 한 것을 보고 부럽다고 생각하는가?
- 앞으로는 부럽다는 생각 대신에 어떤 생각이 실행에 도움이 될까?

꿈과 목표와 비전과 사명이
한 방향으로 연결되도록 해야 한다

말은 쉽다. 그러나 행하기 어려운 것 중의 하나이다. 혹은 이해하지 못하면서 말하는 경우도 종종 본다. 이런 것은 학문적으로 증명하지 못한다. 까마귀가 돌멩이를 들 때 동시에 하나 둘 하고 힘을 써서 들면 돌이 들리는데, 다 같이 마음을 맞추지 못하고 각자 다른 시간대에 힘을 쓰니 무거운 돌을 들지 못한다는 우화가 이 원리에 적합한 비유이다. 꿈과 목표 비전 사명은 한 마리의 까마귀라고 하자. 돌멩이는 삶이다. 꿈목비사(꿈,목표,비전,사명)가 동시에 삶에 영향을 미쳐야 일이 쉽게 이루어 진다는 의미이다. 사명과 비전과 꿈과 목표를 어떻게 한 방향선상에 놓을까? 사명과 꿈이 조금 다른 방향이면 내려놓아야 할까? 아니다. 한 방향이라는 의미를 발견하면 된다. 예를 들어보자.

00군의 사명은 "000 봉사단체 리더가 되어 이 땅의 청소년들이 올바른 방향으로 살아갈 수 있도록 도와주고 그들의 성공에 에너지가 되는 삶을 살겠다."는 것이었다. 그러면 00군이 가질 수 있는 비전은 무엇인가? 000 단체 리더가 되어 활동하는 여러 가지 중에서 생생하게 상상해보는 것을 구체적으로 표현하고 글로 적어보는 것이다. 즉 나는 000 리더로서 청소년 단체의 초청을 받아 자신이 가

졌던 꿈을 이야기하는 장면을 묘사해본다. 비전은 여러 가지 장면이 있을 수 있다. 사명과 비전 다음에 꿈은 어떤 형태를 가지는가? 앞서 말한 존 고다드의 이야기처럼, 아주 많이 기록하면 꿈의 목록이 되고, 생각 날 때마다 추가하면 곧 고다드 못지않은 꿈꾸는 사람이 될 것이다. 여기서 한 방향 정렬이란 000 단체 리더와 관련이 있는 꿈을 위주로 실천하는 것이다. 꿈 중에서는 봉사 이외에 더 많은 것들이 적힐 것이다.

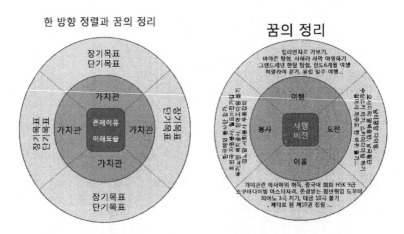

[그림 12] 꿈을 분야별로 세분화 하고 목표 비전 사명과 한 방향 정렬하기

그럼 그것은 한 방향 일치가 아닌가? 아니다. 봉사의 사명에서도 세계 여행의 꿈을 가질 수 있는 것이다. 그럼 봉사와 세계여행은 전혀 다른 방향이 아닌가? 그렇지 않다. 세계여행의 경험은 더 많은 아이디어와 지혜를 주어 사명에 더욱더 가까워지는 역할을 알게 모르게 할 것이다. 많은 꿈 중에서 하나씩 하나씩 성취해나갈 수 있는 것을 선택하는 것은, 꿈은 목표의 샘물이라고 표현한 것과 같다. 꿈-목표-비전-사명과 한 방향 정렬하기는 이렇게 하나의 일맥상통 하는 연결

고리를 갖는다. 하지만 굳이 처음부터 이런 연결고리를 가지려고 애쓰면서 꿈을 적어볼 필요는 없다. 내가 해본 경험으로는 거의 모든 것들이 다 서로가 연결고리를 가지고 있다. 다만 사명이라는 큰 길에서 조금 더 가까운 것이 있는가 하면, 조금 떨어진 것이 있을 뿐이다. 그래서 한 방향 정렬은 전혀 다른 것을 없애는 것이 아니라, 서로의 순서를 정하는 것이기도 하다. 즉 먼저 해야 할 목표와 나중에 해야 할 목표를 선정하는 것이다. 이는 우선순위의 결정이기도 하다.

책을 쓰는 것이 꿈인 사람이 너무 밖으로 돌아다니면서 놀이에 심취하면 책이 완성되지 않는다. 그렇다고 이 사람이 놀면서 사는 것은 맞지 않다고 하면 안 된다. 그 사람의 꿈 중에 하나가 놀면서 사는 것일 수도 있기 때문이다. 다만 책을 완성하는 것과 한 방향을 정렬하려면 놀이는 큰 줄기에서 거리가 좀 멀다. 따라서 놀이보다 우선 자료정리나 책 쓰기 모임에 참석하는 활동을 함으로써 한 방향 정렬 시스템을 활용해야 한다. 시각적으로 표현하고 바라보면 머릿속이 깔끔히 정리되는 기분이 들 것이다. 도전하고 목표를 다시 설정하는 프로세스가 더 명확하게 추진될 것이다.

생각해보기

- 나의 꿈과 목표와 사명은 어떤 부분에서 방향이 일치하는가?
- 꿈과 가치관이 정리된 [그림 12]를 보고 나의 꿈을 정리해보자.

성취하는 도전자의 시간 시스템

　도전하는 사람의 시간관리는 복잡하지 않다. 시간관리 강의를 따라다니느라 시간을 낭비하지 않는다. 고수는 시간관리 강의나 시간관리 책을 한 번도 보지 않았어도 시간이 넉넉하다. 왜 어떤 사람은 항상 바쁘다 바쁘다를 외치면서 허겁지겁 살고 어떤 사람은 여유로운 삶을 즐길까? 나는. 그 원인에 대하여 고민해보았다. 나도 가끔 시간관리 강의 요청을 받기 때문이다. 그때 나는 이렇게 강의를 요약한다. 지금까지 배운 것은 이론이다. 시간은 특이하게도 각자의 환경에 따라 변수가 가장 많은 것이기 때문이다. 왜냐하면 수많은 시간관리 강사를 보아왔지만, 자신이 강의하는 이론을 잘 실천하는 강사는 없었다. (이글을 보고 할 말이 있는 시간관리 강사는 나를 비난해도 좋다. 대답을 할 자신이 있다.)

　가장 좋은 시간관리는 일찍 일어나서 시간을 버는 것이다. 중간에 큰 돌 작은 돌 하면서 구별하는 스트레스를 받지 않아도 된다. 왜냐하면 지금은 작은 돌 이었는데 시간이 지나면서 큰 돌이 될 수도 있고, 큰 돌이었는데 작은 모래로 변하기도 하기 때문이다. 중요한 보고서를 작성하고 있었는데 갑자기 하지 말라는 소리를 듣기도 한다. 별로 중요하지 않아서 하지 않고 있었는데, 왜 그것을 하지 않았냐고 호통당하기도 한다. 진정한 시간관리는 아침에 일찍 일어나 낮에 깨어있는 시간을 버는 것이며, 그런 실행이 가급적 자주 되도록 저녁에 몸과 마음을 미리 만들어 잠자리에 드는 것이다. 미리 만드는 것은 준비법칙이다. 준비한 자만이 위기를 기회로 전환 할 지혜가 있다. 저녁 시간의 늦은 모임 참석은 아침의 이른 기상을 방해한다.

나는 이런 문구를 스스로 만들어서 가지고 다닌다.

"시간을 절약해서는 시간관리를 할 수 없다.

돈을 절약해서는 부자 되는 것이 어려운 것과 같다. 절약은 기본이고 절약보다 창조가 앞선다.

절약보다 더 만들어야 풍족해진다. 절약은 마음의 위안일 뿐이다.

시간도 마찬가지다.

더 만들어내야 한다.

시간을 만드는 두 가지 방법이 있다.

하나는 마음의 평화를 가져야 한다. 마음이 흔들리지 않고 안정되어 있으면 한 시간에도 많은 일, 계획한 일을 할 수 있다.

그러나 마음에 여유가 없거나 불안하면 일주일의 시간도 정체 모를 고민 덩어리에게 바치는 일만 하다 지나간다.

또 하나는 일찍 일어나는 것이다.

너무 당연하다. 여섯 시에 일어나면 아홉 시에 일어난 것보다 세 시간 더 많은 여유를 가진다. 당연한 것을 우리는 진리라고 한다.

여기서 문제점은 그 이론을 자신이 적용하지 못한다고 스스로 포기 할 수 있는 위험성이 있다는 것이다. 그래서 이론은 자신만의 시간관리 시스템을 만드는데 참고만 하라는 것이다.

마음을 안정시킨 상태에서 일찍 일어나는 것이 바로 시간 창조의 기본이다."

도전하다가 죽으면 어떡하나 하면서, 왜 일어나지도 않은 일에 대해 걱정거리를 만드는가? 걱정하지 말고 시간의 현재성에 충실해야 한다. 우리는 과거, 현재, 미래 중에서 어디를 사는가? 과거는 돌아갈 수 없다. 과거를 가장 잘 사용하는 사람은 지혜로운 사람이다. 과거의 사건을 잘 활용한다. 나쁜 사건은 단절시키고 좋은 사건은 추억으로 만들어 뇌 속의 이미지로 가지고 다닌다. 어려울 때 꺼내 쓸 수 있다. 주사 맞을 때 즐거운 추억을 떠올리라. 아프지 않다. 역경이 나타나면 활용이 가능한 자원이 되는 것이다. 미래는 우리가 아직 가지 못하는 곳이다. 오로지 우리는 현재를 살 수밖에 없다. 현재 일에 혹은 현재의 사람에 충실하지 못하면서, 다가오지 않을지도 모를 미래에 에너지를 투자하지 말자. 죽는 것은 미래다. 지금이라는 시간을 낭비하지 말자. 죽음에 대한 걱정은 죽은 후에 하자. 그때 가서 하자. 그게 진정한 도전자의 시간 활용모습이다.

생각해보기
• 마음의 평화가 어떤 의미에서 가장 좋은 시간관리인가?
• 나의 시간대에서 어떤 면이 보완되어야 진정한 시간 창출이 될 것인가?

비교당해서 기죽지 말라

자신이 생각하기에 너무나 큰 성공을 이룬 친구나 위대한 사람의 예를 들면서 "이러이러한 것을 본받아라." 하는 소리를 들을 때가 있다. 비교당하는 슬픔이다. 내가 누군가를 타인과 비교하여 '너도 이렇게 해라.' 하면 상대방도 기분이 나쁘듯 나 또한 마찬가지이다. 그렇다고 기죽지 말자. 스스로 자존감을 키우자. 가끔 재래시장의 추운 골목에서 자동차 튜브를 몸에 칭칭 감고 찬송가를 울리면서 천원짜리 치약이나 수건을 파는 장애인을 볼 때가 있다. 인간에게는 비교 본성이 있다. 비교하지 말라는 것은 이것을 좀 통제하라는 것이다. 비교는 스스로 나 자신과 하라고 했다. 작년의 나와 지금의 나의 개선점이 무엇인지 스스로 비교하라고 했다. 시장의 장애인을 볼 때도 비교 본성이 나온다. 그러나 이것은 높이 비교가 아니라 낮은 비교로 좋은 비교에 해당한다. 엄밀히 말하면 이것은 비교라기보다는 천사로부터 얻는 위안이다. "아! 나는 얼마나 행복한가!"라는 생각이 절로 들 것이다. 그래서 나는 이런 분들을 천사라고 한다. 왜냐하면 그분들은 어떤 사건으로 힘을 잃은 사람들에게 자신의 슬프고 아픈 모습을 보여줌으로써 힘과 용기를 내게 하는 역할을 담당하고 있기 때문이다. 이때는 천사들로부터 힘을 얻으라. 그 때문에 이것은 비교가 아니다. 에너지를 얻는 것이다. 이 에너지는 촛불과 같다. 내가 받아도 상대방이 결코 줄어들지 않는다. 오히려 더 축복을 받는다. 이런 분도 세상을 사는데 까짓것 도전 하나 포기했다고 좌절해서 되겠는가. 다시 시작이다, 하는 마음을 새롭게 다짐해보자.

"아주 오랫동안 육지를 보지 못해도 견딜 수 있다는 각오가 없이는 새로운 땅을 발견하지 못한다."라는 말이 있다. 자신을 덮칠 듯한 거대하고 거친 파도가 두려워서 동굴 속에서 나오지 않고 안정에 길들여져 있으면 도전하지 못한다. 천사들로부터 받은 에너지로 그 상황을 깨뜨려야 한다. 배는 바다를 항해할 때 그 역할을 제대로 하는 것이다. 항구에 가만히 모셔져 있을 때는 배의 역할을 못 하고 있는 것이다. 당신은 인생 항해를 하는 배이다. 항구에서 의미 없이 시간을 낭비할 틈이 없다.

누구든지 인생에서 열정에 불타는 때가 있다고 한다. 지금 당신의 열정에 불을 붙여라. 그럼 도전이라는 DNA장작이 불타기 시작하여 커다란 에너지 덩어리가 된다. 30분이라도 불태워라. 그리고 3년, 그 다음 30년을 도전으로 기죽지 말고, 남이 한 것은 당신도 할 수 있으므로 열정적인 삶을 살아라.

생각해보기

- 나 자신과 너무 높은 상대와의 비교로 스스로 기죽은 때가 있는가?
- 그것을 돌파할 수 있는 자신이 키워야 할 에너지는 무엇인가?
- 본 장에서 표현한 천사의 역할을 하는 내 주변의 천사는 누구인가?

조명효과를 벗어던지라!

조명효과가 무엇인가? 인터넷상에 없는 단어이다. 왜냐하면 이 말은 내가 어느 실험 조사를 보다가 약간 수정해서 응용한 효과를 말하기 때문이다. 그래도 효과적이고 도전활동에 적용하면 효과가 좋으니 활용하기 바란다.

도전하려면 우리는 많은 사회적 거울에 영향을 받는다. 사회적 거울이란 사회생활을 하면서 우리 자신에게 형성된 하나의 패러다임이다. 예를 들면 '쟤는 매일 늦는 애야, 쟤는 잘 먹는 애야, 쟤는 기차 타는 것만 좋아해.' 등과 같은 것이다. 어느 대상에 대한 편견이라고 볼 수도 있다. 특히 도전에는 이런 편견이 뒤집혀서 자기 스스로 뭔가를 만들어낸다. 어떤 것이냐 하면, 나는 매일 하다가 어차피 못 하게 될 거야. 나는 항상 중간에 그만두는 버릇이 있어. 나는 어차피 잘하지도 못하는데…. 하다가 못 하면 남들이 얼마나 손가락질할까? 하는 것들이다.

여기서 조명효과를 잠깐 설명해보겠다. 100명의 남학생이 설문조사를 하는 교실에 여학생 한 명이 들어가서 물을 따라주고 나온다. 그러면 앉아 있던 남학생들이 방금 들어왔다가 나간 여학생을 얼마나 기억하느냐 하는 것을 조사했다. 나는 강의 때 현장에서 바로 참가자들을 대상으로 이런 실험을 하기도 한다. 여기서 알아야 할 것은 여학생이 교실에 들어가기 전에 질문을 받는다는 것이다.

진짜 실험 질문은 "네가 교실에서 나오고 난 후 너를 몇 명이 기억할 수 있을까?" 이다.

" 80명이요."

10개 반에서 실험, 조사하여 통계를 냈다. 평균 46명이 기억할 것이라는 여학생의 짐작이 집계되었다. 조사자가 남학생들에게 묻는다. "방금 들어왔다가 나간 학생을 기억하는 사람 손들어봐!"

그러자 옷에 있는 무늬를 기억하는 학생도 있고, 머리 모양을 기억하는 학생도 있었다. 그 중에 여자인지 남자인지조차 모르는 학생도 있었고, 사람이 들어왔다가 나갔냐고 물어보는 학생도 있었다. 그래서 10개 반 집계를 해보니 총 6%만 정확히 기억했다. 이것을 왜 조명효과라고 이름 붙일까? 많은 사람들은 어떤 도전을 하거나 발표를 하거나 뭔가를 대중 앞에서 할 때 선뜻 나서려 하지 않다. 실수를 창피하게 생각하기 때문이다. 스스로의 사회적 거울로 자기자신을 바꾼다. 그러나 이 조명효과에서 알 수 있듯이, 나의 실수를 기억하는 사람은 생각보다 훨씬 극소수이며 며칠 후에는 기억에서 아예 사라진다. 이런 사실을 알면 도전하는 데 도움이 된다. 이제부터 뭔가를 시도할 때 주변사람의 의식을 하지 말라. 물론 남에게 피해를 주지 않는 일, 자기 자신에게 도전이 되는 일에 해당되는 말이다. 달리기를 한다든가 산을 오른다든가, 독서·금연·취미생활 등 모든 도전에 해당된다. (조명효과의 통계 숫자는 이해를 돕기 위한 가상적 수치이다.)

- 조명효과로 인하여 내가 못 했던 것은 어떤 것이 있나?
- 지금도 나에게 해당되는 조명효과는 어떤 것일까?
- 그 조명효과를 스스로 벗어던지기 위해 실행해야 할 것은 무엇인가?

도전실행 궁즉통을 만들어라

궁즉변(窮即變), 변즉통(變即通), 통즉구(通即久)라는 말이 있다. '궁하게 되면 변하고, 상황에 따라서 태도를 변화하거나 행동을 변화했더니 통한다.'라는 말이다. 통한다는 것은 상황이 해결되어 잘나간다는 말이다. 잘나가는 것이 지속되니 통했던 것이 오래되어 다시 궁한 상태가 되고, 그래서 다시 변화를 만들어야 된다는 해석이다. 어쩌면 배수진을 치라는 말과 같은 의미이다. 지금 하지 않으면 안 되도록 스스로에게 강력하게 행동하게 상황 설정을 하는 것이다. 나는 고교 시절에 우연히 새벽 공부법을 발견했다. 바가지에 물을 떠놓고 자곤 했다. 새벽에 뒤척이다가 물이 엎질러진다. 그 물을 다 걸레로 닦아내다 보면 잠이 달아나고 정신이 멀쩡해진다. 그래서 공부할 수 있는 상황이 되곤 했다.

우리가 일상적인 도전에서 어떻게 스스로에게 배수진을 칠 수 있을까? 물론 전쟁 상황처럼 급박하면 누구나 다 가능하다. 그런데 편안하고 매일 같은 일을 반복하면 안정되다 못해 지루해진다. 이런 일상생활을 하는 우리가 어떻게 하면 배수진 작전으로 도전을 행동에 옮길 수 있을까? 여러 사람에게 물어보았다. 만일 당신이 속이 안 좋아서 병원에 가서 진찰을 받아보니 담당의사가 폐암 초기라고 한다. 이런 선고를 받으면 어떨까? 계속 흡연이 가능할까? 거의 아닐 것이다. 금연이 쉬울 것이다. 여기서 금연에 대한 도전은 스스로 크게 각오하지 않아도 이루어진다. 의사가 말하기 전에 하는 금연과 말한 후의 금연은 다 같은 금연인데, 실행이 되고 안 되고의 차이는 크다. 이것이 바로 궁즉통이다. 스스로를 궁하게 만드는 것이다.

그것은 스티브 잡스가 이야기한 "Stay hungry!"라는 말과 일맥상통한다. '항상 배고프라!'라는 것은 항상 뭔가를 갈망하라는 의미이다. 그런데 스티브 잡스가 말한 것은 환경이 갈망해야만 하는 것이다. 즉 의사가 폐암 진단을 한 상황이라서 항상 갈망할 수 있다. 그런데 폐암 진단을 받지 않은 사람은 갈망이 되지 않는다. 그래서 궁즉통의 첫 번째 단계는 궁한 단계가 오기 전에 스스로 설정해야 한다. 인간의 천부적 재능인 상상력을 활용하여 현재 하고 있는 일에 대한 궁한 상황, 현재의 신체에 대한 궁한 상황, 현재의 가정에 대한 궁한 상황, 현재 개인의 경제력에 대한 궁한 상황, 친구 관계의 궁한 상황을 미리 설정하고 그것이 현실화되지 않게 하려면 어떤 도전을 해야 할 것인가를 도출해내는 것이다.

즉 진단과 처방이라고 볼 수 있는데, 여기서는 나타난 진단이 아니라 나타날 확률이 있는 진단이다. 그러나 무의식에게 심어주라. '지금 이대로 가다가 궁한 상황이 나타난 것이 사실이다.'라고. 그래서 배수진으로 연결시키라. 지금 하지 않으면 절대 절명의 위기가 도래한다고 자신의 무의식에게 절실하게 요청하라. 그러면 도전이 이루어지는 정신 상태의 무장이 쉬워진다. 정리하면, 안일하고 편안하여 자주 실패하는 결심에 대한 궁즉통을 만들어서 배수진을 스스로 설정, 무의식에게 심고 사실화시켜서 도전을 지속하라는 것이다.

궁하지 않으면 잘 이루어지지 않는다. 스스로 궁하게 하라. 그래서 진짜로 궁하다고 생각하라. 궁한 것은 위기 속에 있다는 것이다.

무의식이 간절히 느끼도록 상상력으로 궁한 것을 만들라. 궁한 것이 만들어졌으면 배수진을 치라. 배수진은 하지 않으면 안 되도록 상황을 설정하는 것이다. 이 실행을 지속하라.

생각해보기

· 현재 나에게 적용해야 할 궁즉통은 어느 부분인가?
· 내 삶에서 배수진을 치고 실행해야 할 일은 무엇인가?

history link of my life-
과거와 현재를 연결하여 보기

도전에 실패했던 것이 현재 어떤 영향을 미치는가? 특별히 아프거나 육체적 결함이 발생된 사고가 아니라, 본인의 의지 약화로 포기 또는 실패했을 경우에는, 아마도 그때를 돌아보면 그래도 해보길 잘했다고 생각될 것이다. 그때의 도전은 지금 끝난 것이 아니다. 삶은 여행이다. 단절이 아니고 연속된 타임라인 위에서의 여정이다. 다시 한번 기회를 만들어 시작해보라. 그때 포기했던 그 시점보다 자신이 훨씬 더 성장했음을 알 수 있다. 어렸을 때 뛰어놀던 동네의 느티나무나 다리 등이 작아 보일 때가 있다. 도전도 마찬가지다. 스스로는 정신적, 육체적 성장이 이루어지고 있다. 에베레스트를 초등한 에드먼드 힐러리 경의 유명한 말이 떠오른다. 에베레스트 도전에 실패하고 돌아가면서 남긴 말이다.

"산이여! 그대는 그대로이지만, 다음에 나는 기량을 키워서 올 것이다. 그때 다시 한 번 만나보자."

그렇다. 예전엔 산같이 크고 웅장하여 도저히 못 넘을 것 같았던 도전 과제가 이제는 조금 쉬워졌을 수도 있다. 그러므로 다시 한 번 도전하여 나의 과거의 경험을 현재와 연결해보자. 이 도전은 의미가 있다. 당신의 삶에 엄청나게 많은 연결고리를 가지고 영향을 미칠 것이다.

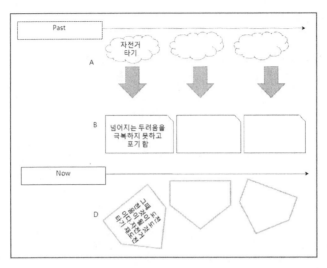

[그림 14] history link of my life 구성도

우리는 인간이기에 과거에 지배당하지 않을 수 없다. 재도전은 이런 과거를 하나씩 성공의 과거로 다시 바꾸는 큰 의미가 있다. 우리는 과거로 돌아갈 수 없다. 과거의 사건도 바꿀 수 없다. 그러나 과거의 실패 도전을 다시 도전하여 성공시키면, 그때는 과거의 사건이 우리의 뇌 속에서 변화된다. 이는 과거가 바로 삶의 긍정의 에너지가 되는 것이다. [그림 14]의 네모 칸에 A는 도전 항목을 적어보고, B는 그때 성공하지 못한 원인을 적어보라. D는 Do something 이다. 당시를 회상하면서 현재 도움이 되는 것을 찾아내 재도전해보라.

생각해보기

· 과거에 내가 도전하고 실패하거나 성공한 것은?
· 그것은 지금 나에게 어떤 의미인가?

도전실행 주제를 찾는 질문

돈과 시간이 충분하다면 내가 하고 싶은 일은? 정말로 내가 하고 싶은 일에 돈과 시간이 부족한 것일까? 돈과 시간이 없어도 내가 생각한 것을 성취하는 사람은 없을까? 돈은 어느 정도 있어야 가능할까? 시간은 어느 정도 소요될까? 지금 당장 가능한 것부터 시작한다면 어떤 것이 있을까? 이것을 하면 죽을까? 죽지는 않는다면 어떤 결과가 나타날까? 그래, 생각만 하고 이것을 도전해보자. 구체적으로 도전 리스트에 기록해보자.

결코 단순한 질문이 아니다. 이런 질문을 그냥 한 줄의 글로 가볍게 읽고 넘어가는 데는 시간이 그다지 많이 필요치 않다. 그러나 곰곰이 생각하고 과거와 현재, 미래를 모두 나의 삶의 시간선상에서 하나하나 곱씹어보면, 질문 하나가 하루, 1주일도 짧을 정도로 많은 생각을 하게 한다. 이런 나의 삶이므로 내가 제대로 가고 있는지 살펴보아야 할 질문이다. 아웃도어 리더십에서는 이런 질문을 하나하나 봉투에 넣어서 아침 산행이나 트레킹 출발 전에 개인별로 지급한다. 리더십 도전여행 출발 전에 개인별로 고민거리나 해결해야 할 일 등을 미리 이야기해서, 질문을 하나하나 분석하여 답에 근접할 수 있도록 질문을 과정별로 설계한다.

예를 들면 아침 봉투에 "당신이 초등학교 때부터 가장 해보고 싶었던 일을 시간별로 생각을 떠올리고, 지금 하고 있는 것인지, 혹은 완전히 잊은 것인지, 아니면 언젠가는 꼭 해보리라고 생각하고 있는 것인지 숙고해보세요."라는 주제를 개인에게 부여한다. 그날 일어나는 모든 행동을 여기에 맞추어 생각하게 하는 것이다. 적당히 힘든 곳을 갈 때면 사람은 본능적으로 많은 생각이 떠오른다. 그래서 달리기를 할 때나 산행을 할 때면 "보이는 산을 오르는 것만이 아니라, 우리 각자가 자신의 삶의 하루를 만드는 인생 산을 오른다."라고 하는 것이다. 나는 산행을 할 때 항상 그날의 주제를 만들어낸다. 여행을 할 때도 테마를 정한다. 그래서 저녁이면 같이 모여서 그날의 주제와 자신이 트레킹이나 여행을 하면서 받은 주제와 연결하여 서로가 이야기를 나눈다. 질문의 힘은 이미 여러 곳에서 입증되었다. 그런데 이런 질문은 남에게만 하는 것이 아니다. 자신이 스스로 에게 질문하는 것은 도전의 좋은 방향을 설정하게 해준다. 나는 스스로 던진 '이렇게 살아야 되는 것일까?'라는 질문이 시초가 되어서 '그럼 무엇을 할 것인가?'에 대한 답을 찾고 사하라사막 장애인 가이드와 가족 해외 배낭여행 도전, 매킨리 등정 등을 했다.

질문하라! 도전하면서 스스로에게, 그리고 다음 도전의 주제를 생성해내라. 이것이 삶의 여행을 다채롭게 꾸며주는 창의적 생성이다.

생각해보기

- 지금 내가 핑계대고 있는 환경은 어떤 것인가?
- 언젠가 지금보다 완벽하게 돈과 시간이 풍부하게 나를 기다릴 것인가?

제 3 장

몰입의 힘

인생의 크러스(The crux in life)

삶은 하나의 길이다. 연결되어 지속된다는 의미일 것이다. 마라톤에 비유되기도 하며, 산을 오르는 일에 비유되기도 한다. 골프 코스에 비유되기도 하며, 사막을 걷는 것에 비유되기도 한다. 여러 가지를 해보았더니 인생은 암벽등반과 비유되는 것에 특별히 호감이 간다.

등반은 여러 루트 중에 자기가 오르고 싶은 곳을 선택한다. 인생도 어떤 삶을 살 것인지를 선택한다. 비교적 쉬운 루트를 선택한다. 그러나 막상 바위에서 오름 짓을 할 때는 땅에서 보던 흐름과 전혀 다른 느낌을 받는다. 한 마디로 살벌하다. 등반가들이 가끔 하는 이야기로 살 떨린다고 한다. 살이 부들부들 떨림을 느낀다. 처음엔 쉬워 보였는데…, 별것 아닌 것 같은 루트가 막상 올라가

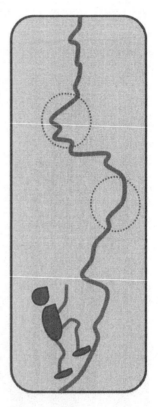

[그림 16] 등반에서 크러스는 인생의 역경과 같다. 쉬워 보이나 어려울 수도 있고, 어려워 보이나 쉬울 경우도 있는 것이다.

니 전혀 다른 차원의 크럭스이다.

크럭스란 등반 루트 중에서 가장 어려운 부분을 말한다. 인생에서의 고비다. 크럭스를 넘어가면 다 끝난 것 같지만, 또 다른 크럭스가 기다린다. 전 크럭스보다 쉬울 수도 있지만 어려울 수도 있다. 인생의 고비가 작년에 왔다고 올해 오지 말란 보장은 없다. 인생의 고비를 넘는 것은 도전이다. 크럭스에 도전할 때, '내가 꼭 가고야 말리라.' 하고 단단히 자신감으로 무장하고, 겁은 나지만 과감히 도전하면 거의 성공한다.

심리적인 면이 크럭스 통과에 많이 작용한다. 내가 혹시 떨어지지 않을까 하는 의심하는 순간 추락한다. 인생의 어려움에 당당하게 자신감을 가지고 이겨내면 결국은 극복된다. 자신감 없이 지금의 어려움이 무슨 죽을 것인 양 크게 생각하면 한없이 어려워진다. 의기소침해지고 자신감이 상실되어 결국 극복하지 못하고 폐인이 되는 경우도 있다. 추락! 등반 시 떨어지면 자일과 안전벨트, 빌레이(등반가의 자일을 관리하는 파트너)의 동작에 의해서 안전하게 떨어진다. 죽지 않는다. 인생에서 한없이 추락하는 것 같고 한 번의 실패로 곧 죽음으로 떨어질 것 같다. 그러나 죽지 않는다. 도전하라! 죽지 않는다.

등반 전에 루트를 이미지로 그린다. 손을 움직이고 어떤 동작으로 어떤 홀드를 잡고 올라갈지 미리 예상한다. 미리 예상하는 것과 하지 않는 것은 엄청난 차이가 있다. 삶에서 예상은 미리 나타날 어려움을 예측해보는 것이다. 가상 시나리오를 써보는 것이다. 아무 대책 없이 나타난 삶의 역경과 대략 예상한 역경은 다르다. 미리 세워둔 극복 전략이 딱 들어맞진 않는다 하더라도, 적어도 심리적으로 안심시키는 역할을 한다. 안심하면 침착해진다. 허둥대는 것보다 침착한 태도가 문제 해결에 훨씬 유리하지 않은가!

등반 루트에서 크럭스에서는 옆에서 이야기해도 들리지 않는다. 완전한 몰입을 느낄 수 있다. 이것이 등반가가 마약처럼 바위에 오르도록 중독시키는 힘이다. 몰입! 삶의 역경에서 몰입하라! 하나의 문제에 포커스를 집중하라. 멀티 플레이어는 시간차 공격을 하는 집중도가 뛰어난 선수이다. 여러 가지를 하지만 순간은 하나에 몰입한다.

황새가 개울가에서 개구리를 잡으려는 태도를 보면, 황새는 오로지 개구리에게 몰입한다. 과거에 연연해하지 않는다. 순간에 최선을 다 하는 것이다. 온갖 힘을 다해서 먹이를 사냥한다. 사자는 얼룩말을 쫓는다. 얼룩말은 도망친다. 사자는 얼룩말에게 몰입하고, 얼룩말은 살아야 한다는 것에 몰입한다. 둘 다 생명을 건 몰입이다. 몰입하지 않으면 굶어야 하기 때문이다. 몰입하지 않으면 잡아먹히기 때문이다. 인생의 크럭스에 이런 정신으로 몰입하라. 이런 몰입이 바로 도전을 성공시켜주는 크럭스 통과를 위한 지혜이다.

생각해보기

· 내 인생의 크럭스는 언제였는가?
· 앞으로 올 인생의 크럭스는 어떤 것이라고 예상되는가?
· 예상된 크럭스를 극복하는 시나리오를 눈을 감고 상상해보자.

내 마음의 꽥꽥이

오리를 제거하라! 오리를 제거하라는 말은 무슨 말인가? 실행에 직면해서 꽥꽥거리지 말라는 의미이다. 뭔가를 하려면 여러 가지 마음속에서 변명이 나온다. 자기합리화가 일어난다. 이래서 안 되고 저래서 안 된다. 가장 흔한 자기합리화는 아직 준비가 덜 되었다는 것이다. 여행을 가든지 트래킹을 가든지, 인생의 꿈을 향한 도전을 망설이는 내 안에 든 변명이 곧 꽥꽥이이다.

그럼 아직 준비가 덜 되었다는 말은 어떤 의미인가? 지금 준비 중인데 아직 덜 끝났다는 말이다. 그런데 이런 말을 하는 대부분의 사람은 준비를 하고 있지 않다. 준비를 하지 않고 지내면서 준비에 관한 핑계를 댄다. 어디를 가더라도 항상 완전히 준비할 수는 없다. 최선을 다해서 할 뿐이다. 마라톤 풀코스를 완주하는 도전을 하는 사람도 최선을 다할 뿐, 달리면서 어떤 상황이 발생될지 100% 다 예측하여 준비된 대처를 하기란 불가능하다.

여행도 마찬가지다. 다니면서 발생될 상황에 대하여 미리 점검하고 준비할 뿐이지, 100% 완벽한 상황 대처능력을 키워서 출발하기란 불가능하다. 왜냐하면 그 상황이란 것이 매번 답을 가지고 오는 것이 아니기 때문이다. 상황은 공식으로 헤쳐 나가야 한다. 스트리트 스마트라고 한다. 급변하는 상황에 즉시 대처가 가능한 지혜를 가지고 있다는 의미이다. 요즘 한창 회자되는 입학 사정관제로 인해 이런 스트리트 스마트 학생을 우수한 학생으로 선발하는 기준이 마련되는 것 같다. 즉 교실에서 이론을 외워서 학교 성적이 좋은 학생보다는, 어떤 상황에 유연하게 긍정적 대처를 해서 좋은 결과를 가져오는 경험이 있고, 노력해보고자 하는 의지와 열정이 있는가를 기준으로 선발하는 것이다. 이것이 바로 입학 사정관제의 자기 주도 학습의 핵심요지가 되어야 할 것이다.

그렇다면 오리를 제거하라는 말은 어떤 의미인가? 오리는 꽥꽥거린다. 마음속의 오리가 꽥꽥거리는 변명을 늘어놓는다는 말이다. 포기해야 하는 이유, 다음에, 다음에…, 하고 언제까지고 돌아오지 않을 '다음'이라는 미래의 핑계, 준비를 해야 한다는 것, 아직은 체력이 덜 되었다는 것 등은 모두 꽥꽥이다. 뭔가를 이루어낸 사람 중에서는 하다 보니 체력이 되고, 뭘 준비해야 할지 알게 되고, 도전을 진행하면서 하나씩 하나씩 준비되어가는 경험을 한 사람들이 대부분이다. 사막을 가는데 여기서 아무리 준비를 해도 현지에 가면 더 필요한 것들이 생긴다. 완벽한 준비는 없다. 최선의 준비만 있을 뿐이다. 실행하라. 위험요소를 최소화 할 뿐이다. 그래서 마음속에서 들고 일어나는 핑계 덩어리인 꽥꽥이를 없애라는 말은 비유적으로 이런 핑계거리를 제거하라는 말이다. Street smarter가 되라!

생각해보기

· 내가 지금 해야 할 것에 대하여 나는 어떤 핑계를 대고 있는가?
· 내 주변의 스트리트 스마터는 누구이며, 그로부터 배울 점은 무엇인가?

오리 제거 방법

그럼 마음속으로부터 뭔가를 이루지 못하게 하는 자신만의 핑계나 변명인 꽥꽥이를 어떤 식으로 제거할 수 있을까? 누군가 말했다. 신과 악마가 싸우고 있는데 그 싸움터가 바로 인간이라고. 이렇듯 우리는 수많은 갈등과 스스로의 고민 등으로 많은 내적 전쟁이 일어난다. 특히나 도전을 하지 말아야 할 핑계 거리는 너무도 많다. 이렇게 많은 꽥꽥이가 있기 때문에 제거가 쉽지는 않다.

그렇다면 어떤 방법으로 자신 속에서 들고 일어나는, 하지 말아야 할 변명거리를 제거할까? 먼저, 해야 할 이유를 나열해보라. 이는 꽥꽥이의 반대이다. 해야 할 이유가 많고 그 이유가 강력하다면 꽥꽥이를 이겨낼 수 있다. 물론 어쩔 수 없는 경우도 있다. 즉 가정이 어려워서, 뭔가를 하지 않으면 도저히 살 수가 없어서 사업에 도전해서 성공한 경우도 많다. 그렇다. 매일 산에 가야지 하고 마음만 먹던 사람이 갑자기 몸이 안 좋아지면 직장을 휴직하고 뒷산에 오른다. 그러면서 점점 자연의 경이로움을 알게 되고, 다리에 근육이 생기면서 점차 높은 산에 도전하고, 히말라야까지 다녀오는 사례도 있다.

우리는 어려운 상황을 끌어당길 필요는 없다. 어려운 상황이 닥치기 전에 도전에 몰입해야 한다. 어려운 상황이 어쩔 수 없이 왔다면 극복해야 되겠지만, 그렇지 않다면 이런 상황이 없이도 뭔가를 도전해야 한다.

첫째, 가장 좋은 방법은 명상 속에서 꽥꽥이 퇴치 예방주사를 스스로 맞는 것에 몰입하라. 눈을 감으라. 마음속에 상상력으로 하나의 꽥꽥이 폭탄을 만들라. 폭탄 속에 핑계거리를 구겨 넣으라. 그 다음 긍정적이고 일을 이루고 도전하게 하는 에너지 덩어리를 이미지로 만들라. 서로 부딪히게 해서 꽥꽥이 폭탄을 터뜨리라. 여러 번 하다 보면 상당히 효과가 좋다. 이런 것을 반복하다 보면 하기 싫은 일에서 좋아하는 일, 즐기는 일로 변화하는 것을 볼 수 있다. 즉 달리기를 '귀차니즘'이라는 꽥꽥이가 저지하고 있는데, 도전해야 할 이유 덩어리를 만들어 꽥꽥이를 제거하고 나서 달리기를 시작한다. 이어서 하프코스 시합에도 출전하고, 그러다 보니 마니아가 되어서 비가 와도 달리는, 즐기는 마라토너가 된 사례들도 많다.

둘째, 말로 중얼거리라. "나는 이런 꽥꽥이를 제거한다."라고 하지 말고, "내가 달리고 나면 성취감을 느낀다. 내가 산에 오르면 땀과 함께 자신감이 생긴다."라고 긍정적인 대체 용어를 사용해서 꽥꽥이를 제거한다. 언어에는 끌어당기는 마술이 있다. 이런 경험을 한번 해본 사람은 그 효과를 안다. 미루지 말고 지금 당장 꽥꽥이 제거 긍정언어 문장을 간단히 만들어 하루에 10회 이상 중얼거려보라. 탁월한 효과를 체험할 수 있다. 일이 이루어지도록 하는 에너지를 얻어내는 데 있어서 우리는 감정에 많이 좌우된다. 이런 감정은 언어 사용에 많이 지배당한다. 주변을 보라. 극단적인 말을 많이 하는 사람은 감정이 극단을 치닫는다. 말로 표현하는 순간에 말은 외부로 나가기도 하지만, 다시 내부로 들어와 자신을 조정하게 되는 것이다.

셋째, 자신의 중얼거림을 표현하기도 하라. 글은 말보다 훨씬 순화되어 있다. 말로 할 때 우욱, 하고 감정이 치솟는 것을 글로 표현하면 차분히 가라앉는 것을 경험해본 사람이 많다. 글은 시간이 흐르고 자신의 생각을 정리하면서 표현되기 때문에, 조용하지만 지속적인 영향력을 발휘한다. 글로 적는다는 것이 이루어 지는 법칙은 아마도 중력의 법칙처럼 인류에 존재하는 위대한 우주의 원칙 일 것이다. 지속적으로 도전을 상기시키는 방법 중의 하나가 항상 보이도록 두는 것임을 명심하라. 적어서 한쪽에 처박아두면 아무짝에도 쓸모 없는 쓰레기이다. 보이게 하라!

넷째, 꽥꽥이가 많은 주변 친구들을 멀리하라. 재미있는 통계가 있다. 친구가 이혼하면 자신도 이혼할 확률이 75%나 급증한다는 연구 결과가 나왔다.

[그림 18] 우리의 주변 인물들은 우리 삶에 엄청난 영향을 미친다.

브라운 대학의 로즈 맥더모트 박사는 연구진과 함께 "이혼은 전염 병처럼 직장이나 가족, 친구관계 등 인간관계에서 확산되는 경향이 나타났다."라고 결과를 발표했다. 그는 미국 보스턴의 작은 마을 프레이밍햄에 사는 12,000명의 생활을 1948년부터 지속적으로 관찰하면서 연구 결과를 얻었다. 도미노 현상으로 가족이나 친구, 동료에게 '이혼 집단화'(divorce clustering)라는 결과를 가져오는 것을 밝혀낸 것이다. 이유는 "가까운 사람들의 이혼은 자신의 결혼생활에도 계속 의문을 갖게 하기 때문"이라는 것이다. 자신과 가까운 사람이 이혼하면 75%의 영향을 미치고, 그다지 관계없는 주변 인물이 이혼하면 35% 정도 영향을 미친다고 한다.

그뿐 아니라 '유유상종'이나 '친구 따라 강남 간다.'라는 속담 등에서 알 수 있듯이, 주변에 긍정적이고 도전을 두려워하지 않은 친구가 많으면 생활이 활기차고, 불평불만에 가득 찬 친구나 동료 속에서 생활하는 사람은 금방 그런 속성에 전염되는 것을 볼 수 있다. 이런 친구 주변에 혹시 내가 속해 있지 않은가를 점검하여 제거하는 것도 도전에 도움이 되는 실행해야 할 방법 중의 하나이다. 주변 친구들은 움직인다. 나도 움직인다. 서로가 보이지 않게 마음 상태를 교환한다. 보이지 않고 느끼지 않는 것 같아도 서로 영향을 주고받는다는 말이다. [그림 13]을 보면 직감적으로 어떤 영향을 받는지 알 수 있을 것이다.

생각해보기

· 지금 나는 주변의 어떤 인물에게 가장 많은 영향을 받고 있는가?
· [그림 18]에서 선택한다면, 나는 주변에 어떤 영향을 주는 인물인가?

아프지 않다, 정말 안 아프다

어느 분이 사하라사막에 도전한 영상을 보다가 깜짝 놀란다. 발 밑에 껍질이 벗겨지고 피가 나는데…, 발톱이 다 빠지는데…, 정말로 그 고통이 얼마나 클까? 하고 생각하면 가슴이 뭉클해지고, '왜 저런 일을 할까?' 하는 의문도 든다. 하지만 직접 도전한 사람은 "왜 그런 일을 합니까?"라는 질문을 받으면 대답을 못 한다. 산악인에게 "왜 산에 가십니까?"라고 물으면 속 시원한 정답을 말해주지 못하는 것과 같다. 물론 전혀 아프지 않은 것은 아니다. 그런데 내가 체험해보니, 발톱이 빠지더라도 한 번에 쑥 하고 뽑으면 아파서 못 견딜 텐데, 조금씩 조금씩 충격이 가해져서 마지막에 빠지면 빠지는 순간엔 큰 고통이 없다. 아마도 우리가 많이 보아온 사진의 주인공 강수진 씨에게 물어보라, 발이 그 지경이 되도록 연습하면 발이 아프지 않느냐고. 그 대답을 아마도 같은 고통을 당해본 사람은 알 것이다. 김연아 선수에게도 물어보라. 박지성 선수에게도 물어보라. 일제 강점기 때 독립투사가 일본인에게 고문당하듯이 발톱 빠지는 아픔이 있으면 누가 도전을 하겠는가? 여기서 나는 한 가지를 깨달았다. 아! 바로 성취감이다. 성취감이 크면 현재의 고통은 아무것도 아닌 것이 된다. 오히려 내가 도전하면서 만들어진 상징물이며 훈장이라고 생각되기도 한다. 사막에서 장애인 가이드를 하면서, 고산에 오르면서 그냥 아무 에피소드 없이 밋밋하게 끝나면 무슨 재미인가? 하고 묻기도 한다. 다만 언제 어떻게 나타날지 모르는 사고에 대비한 준비가 있어야 하는 것은 당연하다. 다만 다른 사람이 한 것을 보고 아프겠다 라고 생각만 해야지 그 생각에 사로잡혀 도전을 망설이다가 시기를 놓치는 우를 범하지는 말자. 도전하라. 생각만큼 많이 아프지 않다. 다만 생 과 사는 우리가 결정하는 것이 아니니 염려할 부분이 되지 못한다. 오히려 도전이 두려워 침대에서 벗어나지 못하고, 다음세상으로 가는 경우가 도전하다 가는 경우보다 많다는 것을 기억하자.

생각해보기

• 어떤 상처가 났는데, 사실은 왜 그랬는지 모를 때가 있었는가?
• 있다면 아픔을 느끼지 못하게 한 그 원인은 무엇이라고 생각하는가?

더 큰 것이 따라온다

뭔가를 했을 때 어떤 기분일까? 나는 특별히 남보다 잘한 것도 없다. 특별히 체력이 좋지도 않다. 약골 집안이다. 어렸을 때 초등학교 운동회에서 달리기 후 연필이나 노트를 시상으로 받는 아이들이 너무나 부러웠다. 운동회 며칠 전부터 달리기 연습을 했으나 워낙 약체라서 결국 하나도 받질 못했다. 상품을 받는 아이들을 부러워할 수밖에 없었다. 그 정도로 나는 체력 면에서 허약 체질이었다. 어쩌면 그래서 그것을 극복하고자 운동을 시작했는지도 모른다. 그런데 도전에서 뭔가 이상한 것을 발견했다. 다시는 하지 말아야지 해놓고 또 다시 뭔가를 도전하는 나 자신을 본다. '아! 이것이 중독성이 있구나.' 하는 것을 알았다.

나는 중독을 권장한다. 마약이 아니고 독서나 운동이나 기타 건전한 취미생활은 중독이 되어야 제대로 즐길 수 있다고 본다. 중독 이후의 성취감은 많은 사람들이 글로 표현하기를 어려워한다. 그것은 상황마다 다르다. 신체적으로 핸디캡을 가진 사람은 그것을 극복하는 짜릿한 순간이라고 하며, 가정의 어려운 문제를 가지고 도전에 성공한 사람은 그 어려움이 칼로 싹둑 자르듯이 잘라졌다고도 한다. 도전에 투자한 돈과 시간과 열정이 다시 큰 무엇이 되어서 당신의 가슴속에 전혀 다른 생생한 에너지로 전환되어 되어 돌아올 것이다.

이 책을 이제 덮고 먼저 실행하자. 보약 먹는 돈으로 자전거를 사고 배낭을 사고 등반 장비를 구입해보라. 구입한 장비들이 먼지만 쌓여가면 눈에 거슬리면서 자꾸 투자해 놓은 돈이 아까워진다. 어느 날 '그래, 한번이라도 사용해봐야지.' 하고 시도하는 것도 도전이다. 그런데 이런 도전은 너무나 많은 세월이 지난 다음이거나 육체적인 힘이 많이 약해졌을 때 하게 되기도 한다. 그러므로 나는 감히 말한다. 책을 덮고 연구실을 탈출하고 침대에서 일어나 도전하고 실행하라. 그리고 몰입되라. 지금 당장!

생각해보기

- 책이나 적당한 운동 등에 중독되어 습관이 되는 것은 어떤 결과를 가져올까?
- 좋은 중독 없이 지금 이대로 지속적으로 10년간 산다면 결과는 어떨 것인가?
- 자신의 삶에서 중독되면 좋은 것 세 가지는 무엇인가?

우주의 에너지를 믿으라

　도전이 이루어지는 데는 어떤 원리가 있을 것이다. 뉴턴이 사과가 떨어지는 것을 보고 연구하여 만유인력 법칙을 발견했듯이, 도전이 이루어지는 원리도 분명히 존재할 것이다. 그러나 이런 원리를 알려고 노력만 하다가 정작 내가 하고 싶은 일을 하지 못하는 경우가 생긴다. 시간관리가 뭔지 알아만 보려고 강의에 참석하다가, 그런 시간들이 낭비되는 것은 모르고 결국 청춘이 다 가는 우스운 경우와 같다. 그래서 믿으면 이루어진다는 것은 도전뿐만이 아니라 범우주적인 원리이기 때문에, 자꾸 이유를 묻지 말고 그냥 믿고 하면 되는 것이다. 자동차를 타는데 우리가 역학적이고 기계적인 원리를 다 알수는 없다. 자동차를 잘 활용하여 원하는 곳에 가면 된다.

　한때 나는 여러 가지 직업을 가지면서 여러 사람들을 만났다. 그중에 특히 기업금융 여신활동을 할 때가 생각난다. 말이 여신이지, 우리가 흔히 말하는 기업 사채였다. 여기는 기본급이 없이 자기가 대출한 만큼의 실적을 가지고 인센티브를 받는다. 그러니 취업하기 힘든 사람들이 많이 모였다. 나는 자발적 지원자 5명을 선발하여 마라톤을 시작했다. 책을 읽는다거나 하는 것보다는 육체적으로 마라톤에 도전하여 성취감을 느끼고 습관을 변화시키는 교육훈련을 한 것이다. 이 5명은 매일 아침 6시부터 7시까지 근처 체육관에서 훈련을 했다. 운동화도 없어서 사용하지 않아 폐기 처분하려고 체육관 창고에 담아놓은 자루에서 골라 활용했다. 30일 안에 마라톤 풀코스를 완주하는 준비는 쉽지 않았다. 아침에 운동하고 낮에 근무하고 저녁 늦게까지 전단을 돌리는 과정이었다. 아침 운동 후 빈속에 근무를 하면 어질어질하다. 몇 번인가 그들에게 근처에서 해장국을 사줬지만 계속 식사를 제공할 수도 없는 노릇이었다.

그때 번뜩 떠오르는 아이디어가 있었다. 전기 압력밥솥을 사용하여 아침 운동이 끝나는 시간에 밥을 먹을 수 있도록 예약하는 것이었다. 그때부터 머릿속에 전기 압력밥솥이 뱅뱅 돌았다. 얼마 후 기적이 일어났다. 어느 집 앞에 밥솥이 하나 뎅그렁 하고 나를 기다리고 있었다. 혹시나 하여 초인종을 누르고 사용 여부를 물어보니, 주인은 새것을 선물 받은지라 누군가 필요하면 사용하라고 그 멀쩡한 것을 내놓았다고 한다. 그때부터 전기 압력밥솥을 이용하여 훈련을 잘했고, 마침내 전원이 마라톤 풀코스를 한 달 만에 완주했다. 이것을 생각하면, 앞에서 말한 기적이란 인간이 원하고 노력하면 이루어지는 현상이라는 말이 새삼 당연하다고 느껴진다. 믿으라. 도전은 곧 자신이 해낼 수 있다는 믿음이 커지면서 이루어지는 기적의 하나이다.

생각해보기

• 우리의 노력에 우주의 에너지는 어떤 작용을 하는가?
• 나의 태도 가운데 원리만 연구하고 실행으로 옮기지 못하는 것이 있다면?

한석봉의 기적과 넛지

· 한석봉 이야기는 누구나 다 알 것이다. 석봉이 산에서 공부 수련을 마치고 어머니와 불꺼놓고 떡 썰기를 하고, 결국 다시 공부를 하러 간다. 여기서 보이는 것은 어머니의 지혜이다. 잔소리하지 말고 한 번의 시범으로 찍소리 못 하고 다시 공부를 하게 만든 것이다. 요즘 회자되는 '넛지'라고나 할 까? 다른 사람으로 하여금 뭔가를 하게끔 간단한 행동이나 표시로 이루어내는 것이다. 즉 아이 공부를 시키려면 몇 시간 잔소리를 했을 텐데, 한석봉의 어머니는 잔소리 없이 석봉이 자신이 하수라는 것을 뼈저리게 느끼고 공부를 다시 하게끔 행동으로 실천하도록 한 것이다. 이런 용어를 압축하여 넛지라고 한다.

어느 화장실에 "한 발짝 더 앞으로 가서 용변을 하기를 부탁합니다."라고 써놓았더니 전혀 효과가 없었다. 그래서 "남자가 흘리지 말아야 할 것은 눈물만이 아닙니다."로 바꾸니 조금 나아졌다. 그런데 몇 년 전 어느 고속도로 휴게실 화장실 변기 안에 파리 스티커가 하나 붙어 있었다. 관리자에게 물으니 지금까지 활용한 어느 글보다도 효과가 좋단다. 이것이 발전하여 지금은 입체파리가 붙어 있다. 모두가 날개에 조준하여 볼일을 보아서 주인이 의도한 바가 효과적으로 실천된다. 이런 것을 넛지라고 한다. 도전에서 넛지는 아주 훌

룽하게 작용한다. 이렇게 하여 발화점이 된 도전은 성공으로 이어지기 쉽다.

아무튼 이렇게 하여 공부를 다시 시작한 석봉은 대단한 문필가가 되었다. 여기까지가 일반적으로 전해오는 스토리이다. 그 다음은 도전은 기적을 낳는다는 스토리를 상상으로 만들어보았다. 중국에까지 소문이 나서 황제가 초청을 한다. 아주 높은 누각을 만들어 석봉에게 위에다 글을 써줄 것을 요청한다. 세 글자 중에서 마지막 획을 긋는데, 신하들이 갑자기 사다리를 치운다. 동방에 이런 뛰어난 문필가가 있으면 자기들이 위협을 받기 때문이다. 지금이야 문필가가 별로 취급을 받지 못하지만, 그 당시엔 대단한 위협 인물이었다. 요즘으로 하면 고도로 뛰어난 반도체 설계 전문가, 디자이너, 유전공학자, 상상력이 탁월한 사람, 즉 아이폰의 스티브 잡스 정도였을 것이다. 사다리를 치우는 순간 무슨 일이 일어났을까? 한석봉의 죽 내리 긋는 획의 마지막 부분에서 붓이 누각의 현판에 붙어버렸다. 문(文)이 뛰어나 무(武)와 통하여 도통이 되었던 것이다. 황제는 이를 보고 부하들에게 석봉을 죽이면 혼이 되어 우리를 괴롭힐 것이니 빨리 사다리를 원위치 시키라고 명령했다.

이 이야기를 믿지는 말라. 어디에도 없는 것을 상상력을 발휘하여 창작해본 것이다. 여기서 중요한 것은 한석봉이 죽음이 두려워 주저주저하면서 글을 썼다면 그런 기적이 나타나지 않았을 것이라는 점이다. 거침없이 자신의 실력을 발휘하고, 모자라면 모자라는 대로 자신감을 가지고 도전하여 목숨을 구한 것이다. 스스로에게 도전의 꼬투리가 되는 도전 넛지를 만들어 보자.

꼬투리 몰입

 앞에서 잠깐 언급한 넛지는 일을 이루게 하는 또 하나의 방법이
다. 이는 과거에 우리가 많이 활용하던 꼬투리 들이다. 넛지라는 용
어로 말이 만들어지고 일상적으로 사용되는 시기에 우리가 있을 뿐
이다. 공통의 언어이다. 넛지라고 하면 여러 가지 설명을 할 필요가
없이 서로 통한다. 새롭게 나타난 게 아니다. 어쨌든 당신의 넛지 몰
입을 만들라. 석봉의 어머니는 그가 넛지 방식으로 공부를 다시 하
도록 만들어주었다. 꾸중하거나 말로 설득한 것이 아니라, 밤에 불
을 끄고 아들과 실력비교 게임을 함으로써 아들이 자신이 하수임을
깊이 깨닫게 했다. 당신 스스로, 아니면 주변의 누군가에게 석봉 어
머니 역할을 요청하라. 이것은 고도로 치밀한 코치의 역할과 일맥
상통한다. 진정한 코치는 코치 받는 사람이 고민을 해결하거나 안
풀리는 문제를 스스로 풀 수 있도록 신뢰로써 몰입의 꼬투리를 제공
해 준다. 즉, 넛지를 해주는 사람이다. 우스운 넛지 이야기가 있다. 어
느 사우나에 수건을 사용하는 곳으로 나오기 전 문 앞에 "하루 18
번 제자리 뛰기를 하면 7년 근 산삼을 먹는 것과 같이 하체가 건강
해집니다."라는 헤드라인 글씨가 코팅되어 붙어 있었다. 그것을 보면
고객은 어떨까? 사우나에 온 고객은 여유가 있다. 몸을 풀어 쉬려고
온 것이다. 쉬는 것, 몸을 푸는 것은 건강과 직결된다. 그런 관심이

있고 필요한 사람이 그 문구를 보니 밑져야 본전이다. 지속되지는 않을지라도 지금 여유 있을 때 까짓것, 하고 18회 뜀뛰기를 한다. 무엇을 위한 넛지인가? 눈치 빠른 사람은 곧 알아챌 것이다. 이는 물기를 닦은 다음 수건 있는 곳으로 이동하게끔 유도한 넛지이다. 자동으로 물기가 제거 되면서 , 수건을 덜 사용하여 세탁비를 절약 되도록 설계된 것이다.

지금까지 자신의 도전 몰입으로 활용하자는 의미에서 몇 가지 넛지를 설명했다. 매일 한다고 마음먹은 턱걸이 10개를 지속하기 위한 넛지를 고민해보자. 물론 이것은 사람마다 다르다. 충격요법을 쓰든지 부드러운 방법을 쓰든지 간에, 하루 10개의 턱걸이를 즐기도록 하는 넛지를 창안하여 활용하면 건강에 많은 도움이 될 것이다. 이는 곧 도전의 기초이다. 턱걸이 자체를 지속하는 것은 대단한 도전이기도 하지만 이러한 지속 실행 정신은 다른 도전과 연결되어 연쇄 반응으로 실행이 가능하게 해준다. 앞으로 거론하게 될 상징물과 넛지는 연결되기도 한다. 효과 면에서 볼 때 넛지와 상징물이 결합되면 더 효과적일 것이다. 상징물은 지속적인 기억 면에서 탁월하다. 넛지는 큰 노력과 에너지 투입 없이 스스로 실행하도록 하는 도전의 꼬투리를 만드는 것에서 효과적이다.

몰입 DNA

우리는 생활 속에서 가끔 "어, 언제 다쳤지?" 하며 피가 나오는 부분을 발견한 경험이 있을 것이다. 전혀 아픔 없이 상처가 생긴 것이다. 암벽등반을 하다 보면 이런 일을 참 많이 겪는다. 큰 상처는 아니지만, 일부러 그런 상처를 만든다면 고통을 참을 수 없을 만큼의 피부 찰과상이다. 그런데 그 상처를 어디서 어떤 식으로 입었는지 기억도 없다. 아프지도 않다. 상처가 나는 순간 뭔가에 몰입해 있었기 때문이다.

국내에 『몰입의 즐거움』의 저자로 소개된 크로아티아 출신 클레어몬트 대학원 교수 미하이 칙센트미하이(Mihaly Csikszentmihalyi)는 FLOW에서 암벽등반 사례를 많이 든다. 『몰입의 경영』의 원제는 Good business: leadership, flow, and the making of meaning이고, 『몰입의 즐거움』은 Finding flow : the psychology of engagement with everyday life, 2005년에 나온 『몰입』은 Flow: the psychology of optimal experience였다. 심리학에서는 몰입을 FLOW라고 한다. 전체적으로 삶의 조망의 큰 그림의 흐름을 왜 몰입이라고 할까? 삶 전체를 하나하나, 한 순간 한 순간 짧게 잘라서 산다고 보면, 그것을 몰입이라고 할 수 있겠다. 즉 현재는 전체 흐름인 삶에서 가장 핵심인 엑기스 flow인 것이다. 포인트이며 노른자이다.

그 중에서도 암벽등반은 최적의 비유이다. 등반 중에 생기는 상처를 모를 정도로 몰입의 순간이 지속된다. 이것이 길게 혹은 자주 지속되면 우리 삶의 과정에 엄청난 효과를 발휘한다. 도전을 즐겨 하는 사람들은 이것을 좀더 지속적으로 늘릴 수 있는 역량이 있는 것 같다. 꼭 암벽 등반뿐만이 아니다. 마라톤에서도 나타난다. 런너스 하이 현상도 몰입되어 자신을 잊는다. 육체가 시간의 흐름을 느끼지 못하면서 공간을 이동하여 거리를 단축시켜주는 결과를 가져다준다. 즉 에너지를 소모하지만, 소모하지 않는 것이다. 적은 에너지로 큰 효과를 거두는 것이다.

즐거움보다 한 차원 높은 것이 환희다. 환희는 고통과 힘든 순간을 잊고 목적한 바로 가도록 만들어준다. 그래서 나는 이를 몰입 인자(Flow DNA)라고 명칭을 사용해보았다. 우리 몸에서 이런 활동을 가능하게 해주는 어떤 요인이라고 확신한다.

인간은 살면서 도전하고 싶어질 때가 있다. 내가 설정한 목표를 이루는 행동을 하고 싶을 때가 있다. 즉 글을 쓴다든지 달리기를 한다든지, 책을 읽는다든지 산을 오른다든지 하는 여러 가지 목표를 원한다. 그러나 대부분 '다음에'라는 말로 덮어버린다. 가장 적합한 환경이 저절로 이루어 지기를 기대하면서 싶은 생각으로 뒤덮는다. 준비 없는 기다림은 목표를 이루는 것을 저해한다.

사하라사막 마라톤을 대비해서 훈련을 하는데, 비 오는 날은 정말 달리고 싶지 않았다. 달리는 중에 비가 오면 어쩔 도리 없이 달려야 한다. 그러나 집에서 출발하기도 전에 비가 쏟아지면 달리기를 뒤로 미루거나 포기한다. 한번은 미친놈 소리를 들어야 뭔가를 이룬다는 생각이 들어서 빗속에서 달려 보았다. 그때의 그 몰입은 보통 때의 도전보다 훨씬 더 성취감이 컸다. 이는 자기 자신 속의 자아가 환경을 극복하는 것을 대단하게 여겨주기 때문이다. 자아가 스스로에게 칭찬을 해주는 것이다. 다른 사람에게 받는 칭찬보다 더 큰 자존감을 형성해 준다. 이런 높은 자존감은 수백 배의 몰입 에너지를 키워 준다. 이런 경험은 느낌이 된다. 느낌은 비슷한 상황에서 어려운 환경을 극복하게 해주는 몰입 DNA로 자리 잡는다. 이것은 어려운 상황에서 다시 자리를 박차고 일어나는 것을 가능하게 해준다. 따라서 몰입 DNA는 만들어진다. 축적된다. 우리 몸의 어느 구석에 보이지 않도록 자리 잡고 있다가, 어려운 순간에 힘을 발휘하게 해주는 에너지 덩어리인 것이다.

마라도 여행시 순간적인 암벽 등반 : 몰입 DNA는 언제나 환경이 되면 나타날 수 있도록 몸 속 어딘가에 축적되어 존재한다.

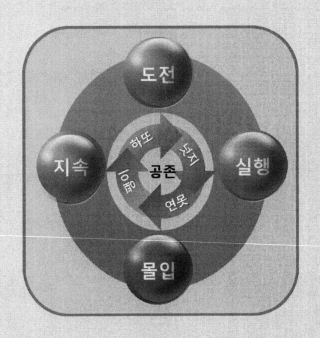

도형설명

　도전을 시작으로 실행 단계를 거쳐서 몰입하고, 지속하면서 또 다른 도전을 하게 되는 것을 의미한다. 내부에서 여러 가지 도전이 병행되면서, 타인에게 전달하여 나눔의 기쁨을 누리는 내적 에너지인 공존의 단계로 도전이 이루어짐을 의미한다.

　공존의 주변에 하또, 연못, 넛지, 팽이법칙이 지속적으로 작용하여 도전의 의미를 성숙시켜 준다.

제 4 장

지속의 힘

가장 어려운 힘이 가장 쉬운 힘으로

그렇다. 지속이 가장 어렵다. 도전은 시작했지만 날마다 해서 성공하기까지는 정말 어렵다. 금주도 어렵고 금연도 어렵고 건강을 위한 운동도 어렵다. 왜 그럴까? 이론으로 마음으로만 무장하기 때문이다. 지속하려면 원리를 이해하고 강력하게 끌어주는 비전을 만들어야 한다. 생생하고 가슴이 펄떡펄떡 뛰는 것을 상상해서 머리에 강력하게 사진으로 남겨라. 앨범을 펼치듯이 우리는 뇌 속의 사진첩을 가끔 꺼내볼 수 있다. 누구나 가진 능력이다. 자주 볼수록 더 생생해지고 보지 않아도 기억되어 그쪽으로 가는 것이 원리이다. 지속의 힘이라는 시를 한 번 만들어보고, 나는 그것을 매일 보면서 생활했다.

지속의 힘
시작이 반이라고 한다. 그러나 시작하지 못할 때의 이야기이다.
시작하고 나면 포기하고 싶어진다.
포기가 나를 유혹한다. 강력한 최면으로 유혹한다.
근육이 쥐가 나는 오르막을 보기 두렵다. 보면 포기할 것 같다.
떨어지는 짠 땀을 맛보면서 그냥 고개를 숙인 채, 심장은 벌렁거리고 허파는 무한 팽창되고 땀은 분수처럼 쏟아짐을 즐기리라.

지하철 탈 돈도 없었다.

빚은 여기저기 대추나무 연 걸리고…,

웃음강의에 가도 웃음이 안 나오고 한숨만 나온다.

억지로라도 웃고 싶은데…,

그것조차 마음대로 되지 않는다.

양손을, 어깨를 짓누르는 것은 근심이구나.

세차게 흔들어도 떨어지지 않는구나.

더 이상 근육이 버텨주지 못하면 포기가 아니라 잠시만 쉬자.

너무 오래 쉬면 더 가기 싫은 것이 인생 오르막이구나.

분명 저 너머에 내리막이 있는 것을 알지만, 지금 당장 내가 서 있는 이곳…,

현실이 견디기 힘들구나.

너무 빨리 오르지 말자. 너무 많이 오르지 말자.

그저 한 발만 앞으로 내밀고, 그 다음에도 또 한 발만 내밀자.

그렇게 지속해보자.

언덕이 이기는지 내가 이기는지. 언덕은 한 발 한 발을 가장 무서워한다.

언덕은 나의 한 발에 사라진다.

결코 급한 여러 걸음에 사라지지 않는다.

급한 여러 걸음은 나를 쓰러뜨릴 뿐이다.

나는 안다.

삶이란 인간이 이해하기 힘든 원리들로 짜여 있다는 것을.

지금의 역경은 나를 더 강하게 만들어준다는 것을.

내가 태어나 중력을 이기고 일어서듯이,

지금의 오르막을 지속의 힘으로 가면 결국 내리막에 닿으리라는 것을.

앞을 보면 너무 느리게 가는 듯 보이지만,

땅을 보면 나의 한 걸음은 연속적으로 여러 무늬를 그리며 뒤로, 뒤로 지나간다네.

엄청난 속도로 땅이 내 뒤로 지나간다네.

곧 앞이 다가오는 것도 그리 빨리 온다네.

그 앞엔 지속의 힘에 굴복하여 기다리는 영광과 성취감이라는 미인들이 나를 반겨준다네.

그러므로 포기하지 말자. 이것은 단순한 원리이지만 가장 강력한 원리이다. 잠시 쉬었다 갈지라도 포기하지는 말자. 지속해보자. 한 걸음 한 걸음. 이 한 걸음은 세상에서 가장 어렵다. 그러나 곧 가장 쉬워진다. 계속하다 보면 숙달되어 어떤 때는 멈추고 싶어도 다리가 그냥 저절로 나아간다. 나도 모르게 스스로 가지기도 한다. 오로지 한 걸음 한 걸음 연결하다 보면, 중력권 이탈 법칙을 적용받게 되어 땅 짚고 헤엄치기로 연결된다. 로켓이 대기권을 벗어날 때는 지구의 당기는 힘(중력)을 탈출하기 위해 엄청난 에너지를 소모하는데, 대기권을 벗어나면 조금의 에너지로도 많은 거리를 가게 되는 원리이다.

지속은 결국 즐거움을 준다. 상상해보라. 중력이 없어서 한 발을 슬쩍 구르니 10m 허공으로 몸이 치솟는다. 적당히 하니 5미터, 그리고 방향전환과 높이 오르는 것이 자유자재로 조절된다. 힘들면 지치지만 조금의 에너지로 가능하니 아주 재미있는 놀이가 된다. 결국 비 오는 날 마라톤하는 사람을 미친놈이라고 하듯이, 우리도 어느 한 도전에 미친놈이 되는 것이다. 어느 하나에 미치면 세상에서 가장 쉬워진다. 스스로 하고 싶어서 잠도 오지 않는다. 등산 도전, 달리기 도전, 번지점프 도전, 자전거 타기 도전, 여행 도전, 독서에 미치기 등…, 좋은 것에 중독되는 도전을 지속하자.

생각해보기

· 자신의 삶에서 지속적으로 하던 것 두 가지를 생각해보자.
· 있다면 이 두 가지를 지속시켜준 것은 어떤 힘 혹은 어떤 원리인가?

철학을 삽입하라

　도전을 할 때 마구 열심히, 그냥 무작정 하는 것을 본다. 의미 없이, 방향 없이 그냥 달리고 넘어지고 땀 흘리고 하다가는 곧 포기하게 되고 만다. 지속하지 못하게 된다. 나만의 철학이 없으면 도전을 중도하차하게 될 것은 불 보듯 뻔하다. 도전이 좋아지지 않는다. 도전에서 성취까지 진행 프로세스 과정에서 나의 생각과 철학은 왜 도전을 계속하게 만들까? 이런 것이 없으면 영혼이 없는 육체다. 죽은 나무이다. 세련되지 못한 도전이며, 마구잡이 식 도전이다. 체력단련이나 할 뿐 더 중요한 삶의 정화작용을 느끼지 못한다. 경치를 보며 달리면서 느끼는 아름다움에 대한 경외와 인내와 삶이 어우러진 달리기가 아니라, 시멘트 벽돌 속 트레드 밀 위에서 건조하게 로봇처럼 달리는 것과 같다.

　어느 도전이나 마찬가지겠지만 특히 클라이밍에는 많은 철학이 있다. 거창하게 철학이라고 했지만, 도전활동 중에 느낌과 배움과 생각의 즐거움을 갖는 것이 곧 도전에 철학을 삽입하는 것이다. 클라이밍에서는 등반자의 자일을 잡아주고 안전하게 해주는 파트너(빌레이)가 필요하다. 바위와의 처절한 싸움, 고통과 어우러진 가운데 희열과 성취를 맛보면서 하나의 루트에서 크럭스(클라이밍 루트 중에 나타나는 난관)를 넘어간다. 크럭스가 나왔을 때 나를 밑에서 잡아주는 파트너와의 사이에 신뢰가 없으면 도전을 할 수 없게 된다. 모든 바위의 길에는 크럭스가 있다. 모든 인생은 굴곡이 있다. 남이 하면 쉬워 보여서 옆에서 훈수를 한다. 그러나 자신이 직접 등반을 하게 되면 조금 전 큰 소리로 훈수하던 모습이 부끄러워진다. 아무리 쉬워 보여도 위험이 도사리고 있는 것이다. 아무리 뛰어나도 자연 앞에서는 겸손하지 않으면 안 된다는 것을 클라이밍에서 배운다. 이런 것이 철학이다.

말로만 골프가 인생이다, 등산이 인생이다, 마라톤이 인생이다, 하지 말고 자신만의 독특한 생각을 도전에 집어넣으라. 이것은 도전을 지속하고, 중간에 슬럼프가 오더라도 이겨내고 지속적으로 즐길 수 있게 해주는 역할을 한다. 도전에 삽입된 철학은 너무 무리하게 도전하지 않도록 브레이크 역할을 해준다. 도전의 목적을 제대

모든 인생에는 크럭스가 있다. 철학이 있는 도전은 크럭스가 참의미를 가진다.

로 알게 해주기 때문이다. 도전에 스트레스를 받지 않게 해준다. 달리기나 클라이밍에서 경쟁과 욕심은 부상을 동반하여 결국 안 하느니만 못한 결과를 가져오기도 한다. 이 또한 철학이 없는 도전이라는 증거이다. 철학이 있으면 느긋해지고 안전이 보인다. 좀 못 해도

창피하지 않으며 마음이 열린다. 누군가 지도해주어도 기분이 상하지 않고 받아들인다. 심지어 고수들은 하수가 훈수를 두어도 웃으면서 수용한다. 인생 고수는 하수의 말에서도 교훈을 얻는다. 인생 하수는 고수의 훈수에도 자존심을 내세워 배우지 않고 결국 쪽박을 차는 경우가 허다하다. 도전에서 내가 왜 하는지, 목적이 무엇인지 하나하나 만들어보자. 스스로에게 지금 하는 도전을 왜 하는지 질문해보자. 답이 없어도 좋다. 답이 없는 것이 답일 수도 있다. 다만 마음속 깊은 곳에서 자기 자신에게 물어보라. 보이지 않을 정도로 느린 속도지만 아주 천천히 자신만의 이유를 발견할 수 있을 것이다. 그것이 삶을 원본으로 살아가는 길이다.

생각해보기

- 자신이 지속하는 활동 중에 왜 나는 이것을 할까? 하는 생각을 해보기.
- 분명한 이유는 없지만 지속적으로 스스로에게 질문하여 자신만의 철학을 만들자.

비바람을 읽으라

　지속하는 힘을 가장 많이 방해하는 것은 예상치 못한 방해물의 등장이다. 누군가의 수군거림, 다 해봤다는 경험자의 이야기, 주변의 눈치, 갑작스런 환경 변화 등이다. 이 모든 것은 도전을 중지하도록 하는 반대세력이다. 아주 큰 에너지이다. 음의 에너지이다. 일을 이루지 못하도록 저해하는 저항 세력이다. 나는 가끔 내일은 자전거를 타고 출근해야지 하고 마음먹고 잔다. 아침에 보니 날씨가 많이 흐리다. 금방이라도 폭우가 내릴 것으로 예측된다. 비바람을 읽으라는 뜻은 제갈공명처럼 천기를 읽는 능력이 필요하다는 말이 아니다. 지금 내가 가는 길에 잠시 후 나타날 문제 상황을 미리 예측해보는 단순한 행위이고 능력이다. 누구나 가진 능력이다.

　인생길을 가는 동안 자연환경의 변화도 도전의 저항세력이다. 변화로부터 열심히 준비한 활동이 포기되도록 유혹을 받기 때문이다. 그래서 출발 전에 미리미리 예측하고 준비한다. 배낭에 비닐을 넣어서 완벽한 방수가 되도록 예비한다. 갈아입을 옷도 챙긴다. 사무실에 여분의 옷도 계산해둔다. 아니나 다를까. 출근 중간쯤에 비가 쏟아진다. 그런데 나타나리라고 예상했던 비다. 이것은 큰 문제가 되지 않는다. 우리는 대부분 예상 못 한 장애물에 많이 쓰러진다. 어느 정도 장애물이 등장할 것이라는 것을 모든 도전에 앞서서 예측해보

라. 실제로 장애물이 나타났을 때 예측한 사람과 안 한 사람의 차이는 일을 이루느냐 못 이루느냐의 차이이다.

삶은 도전이다. 하루하루의 도전, 한 달의 도전, 1년의 도전, 평생의 도전 주제들에 나타날 장애물을 예상하라. 시간과 사건이 지속적으로 연결된다. 사업이라는 사건, 결혼이라는 사건, 등산이라는 사건, 이사라는 사건, 만남이라는 사건, 가족과 관계된 사건 등에 관한 문제발생도 모두 도전이다. 인생 도전의 길에는 비가 올 수도 있다는 것을 항상 미리미리 예상하고, 그에 대비하고 출발하라. 비가 오다가 바람이 불어서 더 큰 저항세력이 되기도 한다. 그러나 그것은 큰 문제가 되지 않는다. 아무것도 예상치 않았는데 나타나는 것은 충격적이어서 도전을 포기하고 싶은 음의 에너지를 발생시킨다. 하나의 걸림돌을 예상 했는데 두 개가 나타나는 것은 양의 에너지를 자극시켜 의지를 더 강화시킨다. 역경을 이겨내도록 만들어주는 전환점이 된다.

"까짓것, 비도 흠뻑 맞는데…, 바람쯤이야!"

생각해보기

- 현재 지속하는 활동에 나타날 비바람은 무엇인가?
- 자신이 지금 도전하는 것에 대한 저항세력은 어떤 것인가?

우공이산 뒷이야기

　우공이산(愚公移山) 이야기는 누구나 한 번쯤은 들었을 것이다. 어리석은 일로 보이지만 변하지 않고 꾸준히 하면 목적을 달성하는 것을 말한다. 이 글의 출처는 『열자(列子)』의 탕문 편(湯問篇)에 나오는 것으로, 옛날 중국의 태행산(太行山)과 왕옥산(王屋山) 중간에 우공이라는 90세 된 노인이 살고 있었다. 이 산은 사방이 700리이므로 약 280킬로에 해당되었다. 높이는 만 길이나 되는 큰 산이므로, '열길 물속은 알아도 한 길 사람 속은 모른다.'는 속담의 단위로 추정하면, 높이가 만 명의 키에 해당한다. 북쪽이 산으로 가로막혀 왕래가 불편했다. 우공은 산을 파내 바다에 버리겠다며 삼태기에 나르기 시작했다. 그의 아내도 반대했다. 주변사람들 모두가 반대하거나 비웃었다. 그러나 그는 "내가 죽으면 아들이 할 것이고, 아들이 죽으면 손자가 할 것이다."라고 했다. 결국 그 산을 지키는 신령들이 그 말을 듣고 우공의 우직함에 이미 산이 없어진 모습을 보게 한다. 아마도 인간보다 한 차원 위의 존재는 이런 지속의 원리를 알기 때문인 모양이다. 그때 두 산을 지키는 사신(蛇神)이 하늘의 황제에게 자신들의 걱정을 말했다. 그러자 "짜샤! 니들이 알아서 딴데로가!" 하고 자유롭게 이동할 것을 명령 내린다. 한편 황제는 인간의 노력이라는 정성에 감탄한다. 그래서 역신에게 말하여 두 산을 다른 장소에 옮겨놓도록 한다. 결국 우공의 정성은 하늘을 감복시켜 일이 이루어지게 만드는 역할을 한 것이다. 자신의 살 날이 얼마 남지 않았지만 일이 이루어질 때까지 하겠다는 생각이 기적을 만들어낸 것이다.

요즘 가끔 젊은이들을 만나면 악기 하나쯤 배우는 것에 도전하라고 권유한다. 이제 20대 후반 30대 초반의 사람들이 "지금 이 나이에 악기에 도전하라고요? 악기는 초등학교 때 시작해야죠. 에이, 이젠 늦었지 않습니까?" 하고 반문한다. 참으로 웃기는 이야기다. 나이는 상대적이라는 말을 제대로 이해했는지 의문이 간다. 상대적이란 말은 상대가 누구인가에 따라서 변화한다는 것이다. 그런데 말은 상대적이라고 해놓고 스스로는 절대적 나이에 못 박은 사고방식으로 사는 사람들이 많다.

얼마 전 시골에 계신 어머님이 서울에 오셨다. 아내에게 어머니는 장모님의 연세를 물으셨다. "78세이신데요." 하고 아내가 대답했다. 그 대답을 들은 어머님이 한숨을 푹 쉬면서 "내가 그 나이라면 애라도 낳겠다." 하신다. 한 순간 풋, 하고 웃었지만, 88세인 어머니는 10년 전으로 돌아간다면 뭐라도 할 수 있는 기분이 드시는 모양이다. 얼마 후 시골에서 돼지를 잡아 동네잔치를 한다고 해서 아이들과 같이 처갓집을 갔다. 옆에서 고기 손질하는 사람을 보고나서 장모님은 소리 지르셨다.

"천안댁, 싸게 싸게 손질 혀! 손님 올 시간 다 되었어! 으이구, 굼뜨긴 굼벵이 같구먼. 올해 나이가 어치게 되야?"

그러자 천안댁이 대답한다.

"40인디유."

"내가 40때는 저 고추가마니 세 개를 같이 메고 뛰어다녔다."

그래서 나는 마당 한쪽 구석에 정리해놓은 고추가마니를 움직여보았다. 하나 들기도 무거웠다. 장모님은 나이가 젊었을 때 그리했다고 스스로 생각하고 계신 것이다. 조금 후 우물가에서 꼬챙이로 지렁이를 잡는 아이들의 대화가 들렸다. 참으로 나이는 상대적이라는 것을 실감나게 해주는 대화였다.

"얘, 조은아, 넌 참 좋겠다. 학교 안 가고 유치원 다니니까 내일 서울 안 가도 여기서 며칠 더 놀잖아. 내가 네 나이라면 얼마나 좋을까!"

이제 초등 3년생 10살과 6살과의 대화이다. 그렇다. 나이는 상대적이다. 지금 당신의 나이를 고정시키지 말라. 영국의 극작가 버나드쇼의 묘비명처럼 우물쭈물하다가 가버린다. 뭐라도 도전하라. 나이는 숫자에 불과하다는 것조차도 잊고 하고 싶은 도전을 실행하라.

뭔가를 꾸준히 하고자 하는 모습이 보이면 주위의 보이지 않는 힘이 작용하기 시작한다. 예전에 시골에서 자랄 때의 이야기다. "아버지, 공부 잘할 테니 가방 사주세요." 했다. 아버지가 들은 척도 안 하신다. 그래서 등잔불 밑에서 코피 나는 모습을 보여주겠다고 결심했다. 사실 영양이 풍부하지 못하던 때여서 며칠만 온 정성으로 집중하여 공부를 하면 금방 코피가 났다. 당연히 며칠 후 코피가 났다. 나는 일부러 코피를 얼굴에 묻힌 채 모른 척하고 아버지를 기다렸다. 이를 본 아버지는 바로 강경시장으로 달려가 가방을 사오셨다. 우리는 자신이 먼저 하지도 않고 어떤 조건을 내세우는 경우가 많다. 월급 올려주면 일 잘한다는 거짓말도 마찬가지다. 먼저 사장이 감동하도록 하라. 사장이 미안할 정도로 일을 해보라. 당연히 당신이 원하는 것이 이루어지지 않겠는가? 원하는 대로 했는데 일이 이루어지지 않았다는 것은 무슨 의미인가? 그것은 당연히 될 때까지

하지 않았기 때문이다. 언젠가 말한 인디언의 기우제에 해당된다. 비 오라고 제사를 지내려면 비가 올 때까지 제사를 지내자. 기왕에 시작한 윗몸일으키기가 왕(王)자 복근이 생기지 않는다고 포기하지 말고, 생길 때까지 도전해보자.

손에 공이가 생기는 원리에 대하여 살펴보자. 내가 손바닥이 약하여 좀더 두꺼워지고 싶어 한다고 가정하자. 어디에다 이야기할 것인가? 속으로 생각만 한다. 손바닥이 좀더 두꺼워지면 아프지도 않고 여러 가지 할 수 있는 일이 늘어날 텐데…. 이렇게 백날을 고민하고 소원해도 이루어지지 않는다. 손바닥을 단련하기 위하여 책상 위의 한 곳에 집중하여 100일 동안 하루 한 시간씩만이라도 두드려보라. 분명히 그 부분에 두꺼운 공이가 생길 것이다. 이렇듯 지속적 행동을 먼저 하면 자연적으로 결과가 따라오는 법이다. 도전하자는 생각도 좋지만 작은 것부터 하나씩 시작해보라. 더 큰 도전을 시작하게 하는 지혜가 생성될 것이다.

생각해보기

· 내 나이에 (   )이 가능할까? 하고 주저하던 것은 무엇인가?
· 어떤 일이든지 처음은 있다. 주저하던 일을 실행하려면 그 처음 할 일은?

물방울법칙 - "천천히" 가 결국 이긴다

하나하나 차분하게 순서대로 지속하는 힘이 결국엔 일을 이루어 낸다. 세상의 원리요 우주의 원리다. 지구는 우주에 속해 있고 우리는 지구에 속해 있기 때문에 지구는 우주의 원리에 지배를 받고 우리는 지구의 원리에 따라 살아야 한다. 원리라는 것은 알면 지혜로워지고, 사용하면 효과적인 삶을 살게 해준다.

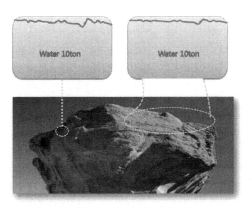

[그림 2이] 동일한 양의 물이 왼쪽은 한 방울씩 오랫동안 떨어지고, 오른쪽은 한꺼번에 쏟아지는 원리이다.

천천히, 차분히 지속적으로 하는 것을 물방울 법칙이라고 칭하고자 한다. 지속적으로 떨어지는 물방울은 결국 바위에 구멍을 낸다. 똑같은 양의 물이 허공에 달려 있다고 상상해보자. 10톤의 탱크에 매달려 있다. 아래엔 북한산 인수봉만 한 커다란 바위가 있다. 첫 번째 물탱크는 아래쪽을 열어서 한 번에 10톤의 물을 아래로 떨어뜨렸다. 어떤 일이 일어날까? 바위는 꿈쩍도 하지 않는다. 흔들리지 않는다. 두 번째는 바늘구멍만 하게 뚫어서 뚝 뚝 뚝 떨어뜨린다. 아마도 1년은 넘게 한 곳에 떨어져야 할 것이다. 결국 바위는 구멍을 내주어야 한다. 부드러운 물에게 결국 굴복하고 마는 것이다. 나중에 시간이 있을 때 덩어리 시간에 무엇을 해야지 하고 기대하지 말자. 지금 물방울처럼 작은 시간을 지속적으로 활용하자. 이것이 물방울 법칙이다. 여러 곳에서 증명되고 있기 때문에 이 원리는 누가 가설을 세우고 증명하지 않아도 된다. 부정할 사람도 없다. 위의 그림대로 장치를 설치해놓고 직접 실험해보아도 결과는 지극히 명약관화할 것이다. 굳이 분석하는 데 너무 많은 에너지를 쏟지 말라. 그 역할은 학교 연구실에서 하는 것만으로도 충분하다. 우리는 다만 이 원리를 믿자. 기억하자. 그리고 이 물방울 법칙에 도전하고, 창조하고, 일상생활에 잘, 그리고 자주 활용하면 되는 것이다.

생각해보기

- 자신의 삶에 적용할 물방울 법칙은 무엇인가?
- 한꺼번에 10시간 하는 것과 1시간씩 10회를 하면 더 효과적인 것을 이해하자.

희열 미루기 Delaying Gratification

시작한 도전의 지속을 방해하는 것 중의 하나가 지금 이 순간에 하고 싶은 일과 내키지 않는 일이 있다는 것이다. 그런데 보통은 지금 하고 싶지 않은 일이 그날의 중요한 일 인 경우가 많다. 예를 들어보자. 중학생이 학교를 마치고 집에 와서 숙제와 컴퓨터 게임, 청소 등 여러 가지 해야 할 일들이 있다. 이 중에서 무엇을 해야 효과적이고 행복할까? 대부분은 게임을 먼저 한다. 불안한 마음으로 한다. 숙제를 해야 하는데 아직 하지 않았으므로 마음이 편치 않다. 만일 의지가 강하여 두 시간을 정해놓고 정확히 마쳤다고 할지라도, 두 시간 내내 숙제를 해야 한다는 생각으로 부담스럽다. 그런데 대부분은 두 시간을 정하면 정확히 끝내지 못하거나, 부모에게 야단을 맞아 기분이 나빠지거나, 그날 숙제를 못 하는 경우가 발생한다. gratification이란 희열, 만족이라는 뜻이다. 지금 당장 희열을 가져올 것을 미루라는 이야기이다. 즉 지금 당장 희열이 될 게임을 미루고 숙제를 한다면, 숙제 후 게임은 편안하고 더 가벼운 마음으로 할 수 있다.

개인의 가치관과 철학에 따라 선택의 순간에 다른 행동을 하겠지만, 나중에 자신이 하고 싶은 도전을 하는 사람들이 대부분 이 '희열 미루기' 법칙을 사용한다. 이는 여러 가지 도전에 해당된다. 지속되는 술자리를 끝내는 것, '한 잔 더'에서 '그만'을 선택하는 것, 잠자는 것보다 독서나 집안정리를 먼저 하는 것 등이 해당된다. 다른 것은 미루면 안 되지만, 나의 조그만 쾌감을 위한 희열을 미루면 더 큰 즐거움을 가져온다. 이때 자기 자신을 대단하게 생각하고 스스로가 칭찬해주면 더욱더 잘하게 된다. 스스로에게 보상을 해주는 것도 좋다. 중학생의 예를 들면, 지금 당장 끌리는 희열을 느끼는 활동 미루기의 성공 대가로 게임을 30분 더 한다는 조건을 스스로 설정하는 것도 도전에 성공하는 좋은 방법이다. 이렇게 하면 스스로가 자존감을 가지게 되어 희열 미루기를 자주 하게 된다. 즉 습관화가 되면 하루 일정이 거뜬해진다.

희열 미루기 실습하기

휴일 하루의 시간을 예로 들어보자. 이 모든 것을 하고 싶다.

- 기상
- 아침식사 15분
- 커피 10분
- 음악듣기 30분
- 30분 달리기
- 자동차 오일 교환 1시간
- 친구와 소주 한 잔 하기 3시간
- 마케팅 이론 독서 1시간
- 동호회 카페 댓글달기 30분
- 여행계획 세우기 20분
- 부모님 안부전화 5분
- 화장실 15분

· 간식 먹기 30분

· 미용실 1시간

· 자전거 1시간 타기

· 샤워하기 10분

· 컴퓨터 게임 1시간.

여기서 목적이 겹치는 것은 자전거 타기와 달리기이다.

그 시간이 아니면 안 되는 것은 친구와 약속이다.

하고 싶은 것은 게임, 수다 떨기이다.

하기 싫은 것은 달리기, 독서이다.

어떤 것을 먼저 해야 할까?

내일과 연계 가능한 것은 어떤 것일까?

실제로 내 것을 기록하고 마음의 평화 찾기에 적용한다.

큰 돌 작은 돌이 아니라, 흐름에 따른 관리이다.

왜냐하면 내 인생에서 작은 돌이란 없기 때문이다. 삶에서는 작은 일도 소중하다. 오늘 작은 일 하나를 가볍게 보다가 내일 큰 코 다치는 일도 종종 있다.

숙제를 하지 않고 게임을 지속하면 마음이 만족할까? 아니다. 불안하다. 게임에 몰두하다가 시간이 없어 숙제를 못 하거나, 엉뚱한 긴급상황 발생으로 숙제를 못 할 수도 있다. 그런데 순서를 바꾸어 숙제를 하고 나서 게임을 하면 마음이 편안해지고 만족스러워진다.

여기서 숙제란 나의 사명-비전-가치관-장기목표-단기목표 등과 연계되어 있는 우선순위가 높은 것을 말하며, 게임이란 특별히 오늘 하지 않아도 되는 낭비의 일을 의미한다.

이 법칙은 우선순위에서 긴급성보다 중요성을 우선하는 습관이다. 지속적으로 실천하다 보면, 비가 오거나 눈이 오는 자연환경으로부터 자유로워진다. 즉 다가오는 변화와 역경에 대한 대처가 유연해진다. "내일은 자전거를 탈 거야." 하고 잠들면, 그 다음날 비가 와도 자전거를 타게 습관화된다. 실제로 어려운 환경을 극복해가면 사실 다른 사람이 한 것도 다 이해가 가면서 스스로 더 큰 자아 존중감을 얻게 된다. 따라서 우선순위 먼저 실행하기는 자신감, 자존감 등과 연결되어 있다.

생각해보기

- 일상생활에서 자신이 적용해야 할 delaying gratification은 무엇인가?
- 할 일 목록에서 하고 싶은 것에 따른 우선순위로 정리해보고 희열 미루기를 적용해서, 지금은 힘들어도 하고 나면 보람 있는 순서로 나열해보자.

결국 콩나물은 자란다

콩나물 법칙은 우리가 도전에 있어서 진척이 없거나 특별히 눈에 보이는 개선이 없으면 안 이루어지지 않을까? 하는 의심이 갈 때 기억해야 할 법칙이다. 지속적으로 콩나물에 물을 주면 결국 콩에서 싹이 트고 콩나물이 자라서 먹을 수 있는 결실을 얻게 된다. 한 가지 중요한 주의사항이 있다. 항아리 안 에서 콩이 썩는 수가 있다는 것이다. 이때는 아무리 물을 부어도 다시 살아나지 않는다. 이것은 도전에 비유하면 엄청난 의미를 가진다. 습관적으로 도전정신으로 뭔가를 하는데 계속 실패하는 경우에는, 애초에 콩이 썩고 있는 것처럼 이루어지지 않을 계획을 세우고 잘못된 방향으로 가고 있지 않은지 면밀히 검토할 필요성이 있다.

피터 드러커는 그의 책 『프로페셔널의 조건』에서 "실행력이 없는 사람은 아무리 지능과 근면성과 상상력이 뛰어나다 해도 결국에는 실패한다는 사실을 알게 되었다. 또한 그런 사람은 목표달성 능력이 부족한 사람이라는 것도 확인했다. 실행 능력은 하나의 습관이다. 즉 습관적인 능력들의 집합이다.

실행력은 지속적으로 배워야 가능한 것이지만, 한편으로는 믿어지지 않을 만큼 단순한 것이기도 하다. 심지어 일곱 살짜리 어린아이도 그것이 무엇이라는 것을 이해하는 데에 어려움을 느끼지 않는다.

그러나 그것을 충실히 유지하는 것은 언제나 무척 어렵다. 우리 모두가 구구단을 외우는 것처럼 실행 능력을 몸에 익혀야 한다. 무의식적으로 입에서 튀어나올 만큼 확실히 몸에 배인 습관이 될 때까지 '지겹도록' 반복해서 외우듯 실행 능력도 그렇게 몸에 익혀야 한다. 실행 능력은 실행, 그것도 반복적인 실행을 통해서만 배울 수 있는 것이다."라고 했다. 콩나물에 물을 주는 것은 실행이다. 도전에서의 실행은 습관처럼 이루어져야한다. 구구단이라고 비유했듯이, 우리 식으로 표현하면 밥 먹는 것처럼 자연스럽게 매일 반복되어야 한다는 의미이다.

사하라 마라톤에 도전하기 전인 새벽 4시에 한강에 나가 달리기를 시작했다. 비가 올 때나 눈이 올 때나 달린 길을 또 달렸다. 비가 와서 흙이 한강 길을 막았을 때도 달렸다. 한강 다리 밑에는 허벅지까지 빠지는 늪이 형성되어 있었으나 습관 된 달리기에는 이런 환경도 아무런 제약이 되지 않았다. 이런 반복적인 도전 실행을 통해서만 우리는 자신이 원하는 삶을 성취할 수 있다. 항상 말하지만 돈을 많이 벌고 학식을 많이 습득하여 권위를 세우려고 도전하는 것은 아니다. 한 번뿐인 지구별 여행에서 각자마다 다른 행복을 얻기 위한 도전이다.

생각해보기

· 내 삶에서 어떤 것을 콩나물 법칙에 적용 가능할지 생각해보자.
· 지금 반복적인 도전을 하고 있는 것은 무엇인가?

연못법칙을 믿으라

연못법칙이라는 것을 생각해본다. 아인슈타인의 상대성원리, 뉴턴의 만유인력 법칙 등은 인간이 증명한 것이다. 역사에 길이 남을 위대한 업적이다. 그러나 뉴턴이 만유인력 법칙을 발견하기 전에는 사과가 위에서 아래로 떨어지지 않았는가? 아니다. 그 법칙을 발명이 아니라 발견이라고 하는 이유이다. 단순한 것 같지만 왜 그런지를 수학 공식으로 정리해서 발표한 것이다. 떨어지는 것의 속도는 질량 곱하기 9.8m로 속도를 계산했다. 그래서 중력 가속도라고 한다.

이런 만유인력 법칙처럼 상상력을 발휘해서 연못법칙을 생각해본다. 하나의 연못을 연잎이 덮고 이후에 연꽃이 피고 하는 것에 어떤 원리가 있을까? 연못을 바라보던 주인은 어느 날 연꽃이 연못을 반쯤 덮은 것을 알게 된다. 그리고 생각한다. 연꽃이 피기 시작하면서 반이 될 때까지 10일이 걸렸으므로, 앞으로 10일 후면 연못 전체를 덮을 것 이라고…. 그런데 그 다음날 깜짝 놀란다. 연못이 다 덮인 것이다. 쉽게 이해할 수 있도록 예를 들어 도전의 '연못법칙'을 만들었다. 덮는 속도는 10의 자승으로, 정확한 공식은 아니지만 순간적으로 일이 이루어진 것에 포인트를 두어보자. 다시 말하지만 연못법칙은 정확한 법칙은 아니다. 솔개가 부리를 돌에 쪼아서 새롭게 하고 털을 다시 뽑으면 한 평생을 더 산다는 것처럼 근거는 없지만, 우리에게 많은 시사를 하는 것처럼 활용할 뿐임을 밝힌다.

얼마 전 나는 대금을 불기 시작했다. 거의 6개월간 소리가 제대로 나지 않았다. '임. 남. 무. 황. 태'라는 우리 고유의 악보가 있다. 이 중에 낮은 음의 임은 참으로 소리내기 힘들다. 6개월이 지나니 포기하고 싶어졌다. 포기는 배추포기를 셀 때 쓰는 단위라고 생각하며 다시 대금을 집어 들었다. 순간 깜짝 놀랐다. 6개월간 그렇게 애를 써도 잘 되지 않던 것이 6개월 하고 1일 만에 이루어진 것이다. 이를 그래프로 그리면 일이 이루어지는 것은 연못법칙과 동일하다. 안되던 것이 갑자기 잘 되면 신이 난다. 축구하다가 지고 있는데 동점 골을 넣는 것과 같은 환희가 생긴다. 우리가 가장 포기를 많이 하는 시점은 항상 일이 이루어지기 바로 전이다. 우리는 미래를 읽을 수 없는 인간이기 때문에 이 시점을 정확히 알 수 없다. 정확히 말하면

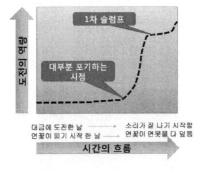

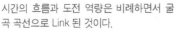

시간의 흐름과 도전 역량은 비례하면서 굴곡 곡선으로 Link 된 것이다.

연못을 1/2 덮는데 걸리는 시간과 전체 다 덮는 시간은?

이 시점은 일이 이루어지기 바로 직전이라고 표현할 수밖에 없다. 아마도 인류의 영적 수준이 높아지면 이런 시점이 보일 수 있을지 모르겠다. 하지만 현재 인간의 내공으로 볼 때 그래프에서 표현된 것처럼 모든 일에는 이런 굴곡이 작용한다는 것을 아는 것도 대단한 발

견이라 할 것이다. 왜냐하면 이것을 믿으면 위의 곡선으로 올라갈 수 있기 때문이다.

그러므로 당신이 도전하는 주제에 대해 연못법칙을 믿으라. 자전거 타기를 시작했으면 처음 며칠간은 되지 않다가, 어느 날 아무도 잡아주지 않는데 혼자서 잘 타게 된다. 암벽등반을 할 때 도저히 홀드가 잡히지 않아서 크럭스를 넘지 못했는데, 어느 날 아주 쉽게 잡히기도 한다. 이렇게 연못법칙은 우리가 하나의 원리로 이해하고 믿으면 나의 것이 된다. 이제부터 믿고 도전해보자. 지금 당장!

내가 만든 상상적인 스토리지만 일리가 있다. "안드로메다에서 우주인이 지구에 왔다. 인간을 만나서 텔레파시로 커뮤니케이션을 해보다가 그냥 말없이 자기 별로 돌아갔다. 돌아간 원인은 아직은 대화의 수준이 맞지 않아서 시간낭비 인 것을 안 것이다. 즉, 만일 우리가 스마트폰을 들고 석기시대의 사람과 만나서 설명을 하려면 가능할까? . 이런 연못법칙도 지구에서는 만유인력처럼 정리가 되지 않았다. 안드로메다에서는 이런 법칙들을 복합적으로 활용하여 여러 가지 학문과 생활이 급 가속으로 발전하는 것이다."

생각해보기

· 자연 속에서 이루어지는 연못법칙의 의미를 깊이 생각해보자.
· 일이 이루어지기 직전에 포기한 것이 무엇인가? 다시 한 번 도전할 생각은?

두부를 깨려면 돌을 깨라

두부만 깨뜨리면 될 정도의 일이나 생활, 프로젝트 진행, 프레젠테이션, 경기 참가 등을 하려면 한 단계 더 높은 단련을 하라. 두부를 깨뜨린다는 이야기는 쉬운 단련을 뜻한다. 돌을 깨는 것은 어려운 단련을 말한다. 상상해보라. 돌을 깨는 힘으로 두부를 깨면 얼마나 쉬운 일이 되겠는가! 내가 하는 일이 두부를 깨는 정도로 쉬운 일일지라도, 내 실력은 돌을 깰 정도의 내공을 항상 연마하라는 의미이다. 즉 눈을 감고도 할 정도의 기술을 익히고 도전에 당당히, 과감하게, 느긋하게, 여유 있게 대처하는 정도의 수준으로 높이라는 것이다. 초등학생을 가르치려면 대학생이 이해할 정도의 지식수준까지 알아야 하고, 한 명의 적을 상대하려면 열 명의 적에게도 여유 있게 대처할 상황으로 숙련시켜야 한다.

나는 지금 전통악기인 대금을 연습하는 중이다. 10년 후 일을 마치고 해외를 돌아다니면서 기차 안에서 한국의 '아리랑'이나 '칠갑산' 등을 연주하고 모자 벗어서 돈도 걷는, 그런 재미난 여행에 관한 비전을 가지고 있다. 생생하다. 재미있는 현장 상황이 머릿속에서 동영상으로 돌아간다. 이미지로 내 머릿속에 생생하게 움직인다. 그것이 나에게는 가슴 뛰는 비전이다. 그래서 외국인이든 내국인이든, 천 명이든 만 명이든, 군중이든 기차이든, 비행기이든 배이든 아무런 상황에 제약 없이 떨지 말고 당당하게 즐기면서 대금을 불 수 있어야 한다. 이런 상황을 만들어가는 중이다. 그래서 아주 큰 대금을 가지고 연습을 한다. 팔뚝 굵기로 내가 제작한 대금이다. 구입한 대금은 두부이고, 내가 만든 대금은 돌이다. 사실 이런 형태와 크기는 악기로서 좀 어울리지 않는다. 그런데 이렇게 무겁고 잡기에도 버거울 만큼 큰 대금으로 연습을 하고 정상적인 대금을 손에 잡으면 아주 작게 느껴지고 소리내기도 훨씬 더 수월하다.

현재 하는 도전에서 연습을 어떤 방식으로 하는지 점검해보라. 자전거 대회에 나갈 연습으로 자전거를 탄다면, 무거운 쇠자전거로 연습하라. 그러면 실제 시합용 자전거는 가벼워서 훨씬 더 좋은 속도를 낼 수 있다. 물론 본게임용 자전거에 가끔 적응할 기회를 갖는 것은 중요하다. 그때가 바로 무거운 것으로 연습하면 가벼운 것이 훨씬 더 다루기 쉬워진다는 것을 느끼는 순간이기도 하다. 대금도 무겁고 큰 것으로 많이 연습하지만, 가끔은 나와 적용시키는 본게임용 대금을 가지고 실력 향상을 가늠해본다.

프레젠테이션이 진짜로 중요하고 목숨 걸 정도의 사안이며 당신이 초보자라면, 자료작성 후 이 방법으로 단련해보라. 가족들 앞에서 하고, 주변 이웃 앞에서 하고, 지하철에서, 사람이 많이 모인 광장에서 노트북을 가지고 실전을 여러 번 한 후 본 프레젠테이션에 임하라. 두부를 깨는 일에 돌을 깰 정도의 파워나 기술을 가지고 임하라. 그러면 그 분야에서 타의 추종을 불허하게 된다. 잘되니 일도 즐거워지고 다른 사람에게 자아실현을 도와줄 수 있는 좋은 일도 하게 된다.

『논어』에 "아는 사람은 좋아하는 사람만 못하고, 좋아하는 사람은 즐기는 사람만 못하다."라는 이야기가 나온다(知之者 不如 好之

者. 好之者 不如 樂知者). 심오한 의미가 내재되어 있다. 우리는 이런 말을 들을 때마다 고개를 끄덕인다. 그런데 정작 어떻게 즐길까? 하는 고민을 하지는 않는다. 내가 내 일을 즐기려면 어려운 일도 쉬운 일이 되어야 한다. 곧 나의 역량을 키워서 일을 누워서 떡먹기처럼 쉽게 만들어야 한다. 여러 사람 앞에서 강의를 한다는 것은 쉬운 일이 아닐 것이다. 그러나 내 일을 즐기려면 강의를 즐겨야 한다. 즐기려면 어떻게 해야 할까? 그것을 고민하던 중 나는 즐기는 강의를 드디어 실행하고 있다.

세상에 태어나 내가 잘하는 일만 할 수는 없다. 때로는 좋아하는 일도 있지만 하기 싫은 일도 있다. 이 모두를 다 즐기려면 닥친 일이 우선 쉬워야 즐거움으로 들어갈 수 있다. 종로 거리를 막고 물어보라. 적성에 맞고 처음부터 원하는 일을 하는 사람이 얼마나 되는지…. 즐겁게 일을 만들기 위한 중요한 방법은 그 일에 몰입해보는 것이다. 그래서 그 분야에서 미친놈이라는 소리를 들어야 한다. 미치면 즐거워지리라. 그것이 樂知者가 되는 길이다. 그래도 즐겁지 않으면 어떡할까? 간단하다. 당신의 역량을 높여라. 고수가 되면 일이 쉬워질 것이고, 쉬운 일은 빨리, 효과적으로 마칠 수 있다. 일을 빨리 마치고 다시 즐거운 일을 하라.

생각해보기

· 현재 자신의 일은 苦 知 好 樂에서 어느 단계인가
  (苦는 목구멍이 포도청인 단계를 말함)?

· 樂의 태도로 바꾸려면 현재의 실력 중에서 어느 부분을 향상시켜야
  하는가?

제 5 장

공존의 힘

진짜로 살기 위하여

어떻게 사는 것이 진짜로 사는 것일까? 한때 진짜로 사는 것에 대하여 고민을 참 많이 했다. 참 좋은 말이 많았다. 결국 종합해보니 '현재에 만족하고 감사하면서, 또한 더불어 잘사는 미래를 위하여 최선을 다하는 삶'이 진짜로 사는 삶이었다. '최선을 다하는 삶'이 바로 '도전'에 해당하는 말이다. 진이라는 글자의 한자를 다 찾아보았다.

盡 다할 진

進 나아갈 진

震 벼락 진. 천둥벼락

振 떨칠 진

珍 보배 진

陳 베풀 진. 늘어놓다

眞 참 진

盡 지구상에 태어난 사명을 찾고, 이를 실천하고 다음 세계로의 여행을 위해 매일매일 최선을 다하면서 사는 충실한 삶.

進 앞으로 나아가라는 의미는 올해와 내년의 자신을 스스로 발전시켜 나가라는 뜻이다. 경제적, 영적, 정신적 삶의 여러 차원에서 좀더 성숙하고 좀더 발전된 삶을 추구하라는 의미이다.

震 벼락 진이다. 천둥벼락은 무슨 일을 하더라도 최선을 다해서 모였던 에너지를 쏟아부으라는 의미이다. 모였던 에너지의 의미는 철저한 준비를 뜻한다. 앞장에 나오는 '두부를 깨려면 돌을 깰 힘을 준비하라.'는 의미이다. 삶의 여행에서 힘은 정신력과 체력, 경제력 모두를 의미한다.

振 떨칠 진은 진동의 의미이다. 혼자만 잘하지 말고 주변에 영향을 주라는 뜻이다. 나만 성공하고 홀로 기뻐하는 것이 아니라, 주변 사람도 성공하게 도와주고 깨워주면서 같이 가라는 의미이다.

珍 보배 진은 보배를 많이 모아 다른 사람을 고취시키는 힘이다. 즉 Inspires the others.다. 혼자 성공하지 말고 더불어 win-win하는 것이다. 아마도 매슬로우 욕구 5단계에 하나를 더 추가한다면 바로 이것일 것이다. 자아실현이 되고 난 다음 다른 사람과 함께 성공하는 것이다.

陳 베풀 진은 홀로 가지고 가지 않고 나누어 가지는 따스한 마음이다. 경제적, 정신적으로 다 해당되는 말이다. 베풀면 내 마음이 풍성해진다. 가지면 집안이나 지갑은 풍성해질지 몰라도 마음 한 구석에서는 초라함이 느껴질 것이다. 이때 조금이라도 베풀어보라. 자신이 가진 것을 공개하라. 내일이 되면 공개해도 아무 쓸모없는 쓰레기가 될 수도 있다. 지금 공개하라.

眞 이는 위의 여섯 가지 진을 진실하게 행하면, 곧 참 진이 되는 원리이다. 이렇게 사는 것이 참으로 사는 참 진이 아닐까 생각해보았다. 가끔 이런 농담을 한다. 참이슬 진이 아니라 참으로 사는 진이라고.

· 나는 살아서 펄떡이는가? 진짜로 살아 있는가? 아니면 죽은 삶인가?
· 진짜로 살기 위해서 내가 공개할 항목은 무엇인가?

팽이법칙 활용하기

팽이법칙은 도전을 다양하게 만들어준다. 자신의 도전에 여러 가지가 공존하게 만들어준다. 삶을 풍요롭고 열정적으로 주도해나갈 수 있게 해준다. 팽이는 돌기 시작하면 가끔 한 번씩 때려주기만 하면 된다. 팽이를 때리는 행위는 힘을 주어서 넘어지지 않도록 지속적인 회전력을 주는 에너지 주입 작용이다.

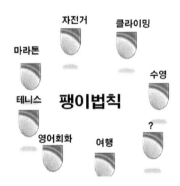

[그림 24] 내 주변에 여러 가지 기능들이 지속적으로 활성화되어 있도록 만드는 팽이법칙

그림에서처럼 팽이가 주변에서 지속적으로 돌아간다. 핵심은 여러 개를 한꺼번에 돌리는 것이다. 각자 하나의 팽이를 분리해놓고 보면, 앞서 말한 우주선이 대기권을 넘어서 지구 중력권 밖으로 나간 다음부터는 그다지 많은 에너지를 활용하지 않아도 되는 것과 같다.

팽이가 처음에 서기 전까지는 열심히 때려주어야 하지만, 그 다음은 적은 에너지로도 회전이 유지된다. 이것은 대기권 밖에서 공기저항 없이 항해하는 우주선인 것이다.

사람들은 내게 "산에도 가고 자전거도 타고 암벽등반도 하고 바쁘지 않으세요?" 하고 묻는다. 절대 바쁘지 않다. 처음에 익숙하게 될 때까지가 시간이 걸리지, 원활하게 통제가 가능하면 더욱더 즐거워지고 언제 어디서든지 많은 활동이 가능해진다. 자전거에 익숙해지면 매일 타지 않아도 된다. 물론 자전거 선수라면 매일 타야 하겠지만…. 이는 삶에 활력을 주며 여러 가지 도전을 위한 준비이고 그 자체로도 열정을 준다. 이들은 서로 상호 공존한다. 창조력이 나온다. 상상력이 풍부해진다. 이런 활동은 여러 가지 유연하게 대처해야 할 상황을 창출하는데, 도전자는 그 상황에 적합한 행동을 해야 한다. 그야말로 이론과 실천이 동시에 병행되어야 하는 것이다.

며칠씩 창의력 교육을 하기도 하지만, 평소의 삶이 도전 자체인 사람을 따라갈 수는 없다. 이건 딱히 뭐라고 설명하기가 어렵다. 받아들이는 사람이 도전하지 않는 사람이면 이해하지 않으려 하기 때문이다. 아이를 생각해보라. 뭔가를 지속적으로 실패하고 성공하고 움직이는 아이의 생각과 정신이 유연하겠는가? 아니면 도서관에서 책만 보는 아이 생각이 유연하겠는가? 마라톤을 완주했다면, 등산이나 수영 또는 다른 도전을 하라. 그 마라톤은 다음 도전의 기초가 된다. 매일 42킬로를 달릴 준비를 할 필요는 없다. 건강을 위해서 활기 있는 생활을 위해서 가끔 10킬로 정도 달려주면 적당하다. 가끔 달려주는 것은 마라톤이란 팽이를 지속적으로 돌아가도록 에너지를 넣어주는 것이다.

내 주변에 여러 가지 도전 주제가 지속적으로 가동되고 있기 때문에 나는 이를 '팽이법칙'이라고 하며, 도전을 같이하는 주변 사람들이 시도하여 좋은 효과를 보고 있다. 좋은 효과란 살면서 여러 가지 즐길 수 있는 취미와 지속적으로 도전하여 또 하나의 행복한 도전 거리를 만들어내는 것이다.

<생각해보기>

· 내가 가진 몇 가지 기능을 팽이법칙에 대입해보면 무엇이 있는가?
· 더 행복한 삶을 위해 추가해야 할 팽이는 어느 분야인가?

와신상담 만들기

지속한다는 것은 도전이 이루어진다는 것이다. 도전은 비전이나 미션이 이루어지는 하나의 조각이기도 하면서 또한 그 전체이기도 하다. 하나하나의 도전이 이루어지면 삶의 전체인 미션이 이루어진다.

와신상담에 대한 이야기는 많이 들어서 익히 알고 있을 것이다. 『손자병법』에 나오는 왕들이 원수 갚는 이야기다. 쉽게 풀이하면 아버지에 대한 원수를 갚으려고 잊지 않고 노력한다는 이야기다. 인간의 몸과 마음은 편안하면 어려움과 앞으로 해야 할 일을 잊기 마련이다. 이것을 잊지 않기 위하여 가시침대에서 자면서 원수 갚을 것을 상기하고, 문을 들락날락하면서 쓸개를 빨아 쓴맛을 기억하며 자연스럽게 정신을 차리고 초심으로 돌아간다. 처음에 갚고자 했던 원수를 잊지 않고 능력을 '일일우일신'(日新又日新)한다는 말이다.

이것을 도전에 적용해보자. 자신이 도전하고자 하는 분야를 흐지부지하지 않도록 뭔가 장치를 만들어놓는 것이다. 줄넘기에 도전, 다이어트 도전, 영어단어 외우기 도전, 걸어서 출퇴근하기 도전, 자전거 전국일주 도전 등을 잊지 않고 지속되도록 하는 힘은 무엇인가? 힘이라고 거창하게 표현할 것까지도 없다. 의지가 강하면 그냥 되겠지만 우리는 그렇지 않다. 또한 엄청난 보상이 확정되어 있다면 그 또한 일이 이루어지는 큰 요인이 되겠지만 그렇지도 않다. 예를 들어

'지금부터 자전거 전국일주를 하면, 완료하는 순간에 1억을 현금으로 주겠다.'는 신용 있는 기관이나 사람에게 신뢰성 있는 증거를 받으면 바로 뛰쳐나갈 것이다. 어쩌면 가치관의 우선순위가 돈이라는 것에 초점이 맞추어져 있어서인지도 모른다. 그러면 평생 가도 이루어질 것이 하나도 없다. 이런 도전은 한번 해봐야지 하고 시작하고, 지속되지 않는 가장 큰 원인은 가치관과 관련이 있다. 자신만의 와신상담을 만들라.

예를 들어 자전거 전국일주가 도전 주제라면, 당장 조금 부담이 되는 좋은 자전거를 하나 구입하라. 작심 3일이 되어 자전거가 베란다에서 녹슬게 하지 말고, 거실이나 자주 가는 곳에 꺼내놓으라. 그것을 볼 때마다 속이 쓰릴 것이다. '돈이 얼마인데…, 이번엔 꼭 타야지.' 하는 의지강화의 마음이 들도록 가급적 좋은 것으로 구입하라. 등산을 가야 하는데…, 하고 말만 할 뿐 가지지 않으면 가급적 좋은 등산화를 구입하여 매일 보이는 데 놓아두라. 좋은 등산화는 와신상담의 역할을 한다. 의지 강화에 이 질러 법칙도 가끔 실행을 도와준다.

상징물

　와신상담과 비슷하지만 약간 다르다. 이것은 자신이 항상 힘 있고 열정적으로 도전할 수 있도록, 과거의 자부심과 초심을 지속적으로 기억하도록 도와주는 과거의 자신의 사연과 연결이 되는 물건이다. 와신상담에서 사용하는 물건과 이것이 다르다. 예를 들어 군번줄을 잘 보이는 곳에 걸어놓아 보라. 그러면 도전하다가 지치거나 포기하고 싶을 때 과거에 힘든 것을 이겨내던 기억을 되살리게 된다. 이는 곧 도전이 지속적으로 이루어질 수 있도록 하는 힘이 되어, 용기를 내서 다시 시작하게 된다.

　한때 나는 어려움에 처했었다. 어느 회사의 주식을 사는 바람에 살던 집과 모든 가재도구를 처분할 수밖에 없었다. 설악산에 텐트를 가지고 들어갔다. 며칠간 지내면서 다람쥐와 친구 하며 정신 수양으로 하루를 보냈다. 그 속에서 돌멩이가 하나 눈에 띄었다. 주먹만 한 크기에 적당한 3각형 입체로 안정감 있게 보였다. 그 돌에 문구를 새겼다. "죽어야 산다!" 조금 심한 말이지만, 그 당시 심정이었다. 다시 살고 싶으면 현재 통제하지 못하는 나쁜 습관을 없애라는 강한 표현이었다. 이후에 돌을 잘 보이는 곳에 놓아두었다. 지나다닐 때마다 눈에 띄었다. 당시에 매일 그 순간이 기억났다. 그래서 경제적인 면에서 다시 일어서자는 강한 마음이 들었다. 조금 편안해지면 잊어버리곤 하는 것을 방지하는 역할을 해주었다. 나를 재기하도록 도와주는 작용을 해준 강력한 상징물이 되었다.

고 정주영 회장도 비슷한 상징물을 활용한다는 기사를 본 적 있다. 아주 오래된 텔레비전을 치우지 않았다고 한다. 화려하고 보기 좋고 큰 텔레비전 대신, 과거에 어려웠던 시절을 잊지 않고 기억하도록 도와주는 상징물로 활용한 것이다. 뭔가에 지속적으로 노력을 결집시키고 싶으면 상징물을 마련하라. 사진도 좋다. 어떤 물건도 관계없다. 자신만의 영혼으로 교감할 수 있는 것이면 다 좋다. 가급적 긍정적 이미지가 떠올라야 한다. 헤어진 옛 애인의 사진은 상징물보다는 추억을 들추어내는 작용을 한다. 이러한 것은 도전에 그다지 좋은 작용을 하지 못한다. 그것을 보는 순간 '그래! 까짓것, 이런 것도 해냈는데, 다시 한 번 도전하자.' 하는 마음이 불끈불끈 생기는 것이어야 한다. 집안 여기저기 몇 개를 놓고 그 물건을 볼 때마다 어떤 생각이 드는지 확인하고 배치하는 것도 상징물 활용법의 좋은 방법이다. 효과적으로 활용하면 상징물이 발휘하는 힘은 상상 이상으로 크다는 것을 느낄 것이다.

[그림 25] 돌멩이에 "죽어야 산다." 라고 쓰여 있다. 설악산에서 스스로 모난 것을 죽이고 제대로 살자는 의미로 새긴 것이다. 이 상징물은 어려웠던 시절을 되새김질해주는 기억의 꼬투리가 되어 현실에 감사하게 해준다.

한 방향 보고 가다가 숙달되면 가끔 보기

　몰입에서 가장 중요한 것은 이것저것 하지 않고 하나에 집중하는 것이다. 그러면 팽이법칙과 서로 다르지 않은가? 팽이법칙은 주변에 여러 가지 팽이가 있다고 했는데, 이제는 하나에 집중하라니⋯. 말이 되는 소리인가? 아니다. 팽이법칙 전 단계로 보면 된다. 하나를 이루어내면, 그것은 이미 내가 자유자재로 통제할 수 있으므로, 항목추가를 하는 것이다.

풍부한 삶을 만드는 것이다. 즉 자전거 타기를 지금 하지 않더라도, 처음에 배울 때 잘 배우고 숙달해놓아서 언제든지 다른 일을 하다가도 자전거를 탈 수 있다. 지금 당장 자전거에 몰입되어 있는 것은 아니다. 그렇지만 항상 내가 가지고 있는 가용 가능한 역량이요 자원이 되는

것이다. 이렇게 될 때까지는 하나의 완성을 위하여 집중해야 한다.

이 원리를 좀더 깊이 이해하기 위하여 실험을 하나 해보자. 노래를 한 곡 선정하라. 가급적 빠른 노래로. 양팔을 벌려 주변에 아무런 걸리는 것이 없도록 하라. 노래를 틀고 눈을 감는다. 어느 한 쪽을 기준으로 계속 제자리에서 보폭이 크게 행진을 해보자. 30초 정도 하면 처음 시작할 때보다 많이 벗어나 있다. 눈을 감는다는 것은 방향감각을 상실한 것의 비유다. 어느 하나를 바라보지 못하고 이것저것 하다가 결국 아무것도 이루지 못하는 실험이다. 또한 비전이나 도전의 주제가 없이 바쁘게만 살다가 전혀 엉뚱한 목적지에 도착하는 자신을 발견하게 되는 실험이기도 하다. 한 방향에 집중하다가 가끔은 지금까지 잘 돌아가는 팽이를 보는 것, 이것의 핵심은 '숙달된 다음에'라는 전제조건에 있다. 숙달도 하지 않은 상태에서 자꾸 이것 집적, 저것 집적대는 사람의 경우 이것을 적용해보면 효과가 있다. 앞에서 말한 멀티 플레이어는 여러 개를 동시에 하지만, 순간적으로는 하나에 몰입되어 있을 때 효과가 나는 것과 같은 원리이다. 하수가 고수를 보면 쉬워보여도, 그 고수가 쉽게 해낼 때까지는 얼마나 많은 숨은 노력이 들어갔겠는가? 클라이밍의 경우, 앞사람이 하는 것을 보고는 자기가 하면 금방 오를 것 같은데, 막상 바위에 붙으면 상황이 달라지는 것에서 이런 것을 많이 배우게 된다.

생각해보기

· 자신의 삶에서 팽이법칙 처럼 주변에 돌아가는 역량은 무엇인가?
· 팽이가 숙달되기 전에 포기한 것은 무엇인가?

soft 플러스 hard

　이런 도전을 하다 보면 자기도 모르는 사이에 엄청난 실행력이 증가된다. 따라서 실제로 행동하는 것을 중요하게 생각하게 된다. 말보다 행동이라는 논리가 머리를 지배하게 된다. 생각만 하는 것보다 무조건 행동하라고 하기도 한다. 행동론자를 옹호하면 심지어 영화도 잔잔한 것보다는 액션과 판타지 영화를 선호하게 된다. 이런 것을 hard 화 된다고 말한다. 삶이 건조해 지는 것이다. 여기에 soft한 것도 갖추어야 한다. soft 한 것은 이론이다. 행동과 이론이 일치될 때 제대로 결과가 나온다. 생산성을 향상시키려고 계속 기술과 기계를 잘 다루는 법만 가르치면, 직원의 성품이 고갈되어 결국 팀워크가 저하되고 미래의 꿈도 없어 의욕이 상실된다. 기술과 성품 둘다 소중하게 여기라. 이론만 말하지도 말라. 행동만 하지도 말라. 이론과 행동을 잘 일치시키고 균형을 잡아야 한다.

　주변에 보면 산을 열심히 다니는 분들이 많다. 행동에 강하다. 실행력 지수는 엄청나게 높을 것이다. 그러나 그냥 산에 가기보다는, 산을 오르는 것과 관련된 책을 읽으면서, 즉 이론과 실행을 병행하면서 다니면 더욱더 안전하게 산행이 가능하다. 또 지속적으로 등반 지식이 발전하게 된다. 알면 두렵지 않게 된다. 물론 경험만으로도 충분히 실행이 가능한 경우가 있지만, 그럴 경우 기초가 부족하게 된다. 스키 인구가 거의 없던 1990년대 초반에 나는 스피드라는 동호회를 운영했다. 인터넷도 없는 시절이어서 사람들이 많이 모이는 사원식당에 공고를 게시하여 활동 인원을 모집했다. 40여 명이 버스 한 대로 스키장에 갔다. 장비도 없었다. 철물점에서 구입한 빨간 장갑에 땀복이 스키 복장이었다. 3열 종대로 나란히 줄을 맞추어 장비를 대여했다. 우리는 모두 최상급자로 리프트를 타고 올라갔다. '12시에 어느 식당에 집결하여 식사합니다.'라는 약속과 함께 모두 흩어졌다. 구르고 넘어지고 우여곡절 끝에 내려온 우리는 아마도 스피드 면에서는 최고였을 것이다. 폼은 나지 않지만 자유자재로 속도를 내다가 정지했다. 그러나 더 이상 자세가 나오지 않고 실력이 늘지 않았다. 이론을 무시한 결과다. 그래서 다시 기초교육을 받기로 했다. 회사의 지원을 받았다. 그런데 기초강습이 먹혀 들지가 않았다. 이미 우리의 신체는 나만의 틀을 형성하고 있었던 것이다. 그 틀을 깨는 것은 어렵다. 먼저 기초 강습을 받고 순서대로 초급 중급 상급자 코스에 올라야 했다. 우린 그 반대로 해서 결국에 진보 할 수 없는 자신만의 자세로 스키를 타야 했다. 등산이든지 바둑이든지, 아니면 자전거이든지, 모든 종목은 그에 따르는 이론이 있다. 이런 이론도 무시하지 말자. 실행보다 조용히 보거나 들을 수 있는 것이 이론이다. 짬짬이 실행과 이론을 병행해야 제대로 된 도전의 묘미를 맛볼 수 있다.

라이온 킹과 '하또하또'

라이온 킹은 영화가 아니라 태국의 톤사이에 있는 암벽등반 루트의 이름이다. 방콕에서 16시간 버스로 이동해서 배로 30분 정도 가야 하는 곳이다. 몇 년 전 겨울에 이곳에 보름간 머물면서 5.11c 급(암벽등반에서 난이도를 표시하는 미국식 규정)에 해당하는 이 루트에 올인(all in)한 적이 있었다. 등반 코스가 사자의 얼굴 옆모습과 비슷해서 붙인 이름 같았다.

처음엔 3분의 1 지점도 오를 수가 없었다. 거의 포기하고 다른 쉬운 루트를 선택할까 하는 합리화의 유혹이 나를 끌어당기고 자꾸 좀더 쉬운 루트로 눈이 돌아간다. 이튿날 좀더 힘을 내어 도전했으나 그날 역시 실패다. 나에겐 거의 불가능에 가까워 보였다. 여러 국가에서 온 다른 사람들도 매일 한 곳에 붙는 나를 보고 오늘은 성공했느냐고 묻는다. 나는 1주일간이나 성공하지 못한 제스처로 고개를 설렁설렁 흔들어야 했다. 중간에 오기가 생긴다. '그래, 바위가 이기나 내가 이기나 한번 해보자.' 하는 도전의식이 서서히 고개를 든다. 여기서 나는 '하또하또'를 생각한다. 연못법칙과 연결되어 있는 '하또하또 법칙.' 연못법칙의 초기 과정이다. '하또하또'란 나 자신이 도전에서 구성한 말로서 '하고 또 하고, 하고 또 하고'를 줄인 말이다. 이 '하또하또'에는 당해낼 재간이 없다. 모든 것이 이루어지는 기초 원리 중의 하나이다. 먹는 것도 오로지 라이온 킹을 오르기 위한 열망에 불타서, 이것에 도움이 되는 것이 어떤 음식인지 구별해서 먹었다. 일찍 일어나 조금이라도 햇빛이 강하지 않을 때 바위에 서기 위하여 모기와의 전쟁을 하면서 잠을 잤다. 날이 새면 장비를 가지고 오로지 라이온 킹과의 혈전을 벌인다.

드디어 열흘째 되는 날 승리의 환호를 지를 수 있었다. 혼자서 허공에 대고 라이온 킹처럼 으르렁 소리를 질렀다. 환희의 소리, 성취의 함성이었다. 아무도 알아주지 않는다. 아니, 타인과 무관하다. 그래서 도전은 외롭다. 도전의 소리는 소음이 들릴지라도 자기 자신에게는 적막하다. 운동장에서 목이 터지라고 외치는 관중들의 소리가 귀를 막은 듯 들리지 않을 때, 집중해서 볼을 성공시키듯이 적막해야 하나 보다. 그러나 외롭고 적막한 도전은 몸속에 성취감이라는, 보이지는 않지만 강력한 예방 에너지로 언제든지 일어나, 무기력 바이러스에 대처할 준비 자세로 도사리고 있게 되는 것이다. 아직도 도전의 벽을 넘지 못하고 있거나 지금 당장 포기하고 싶은 도전을 하는 사람은 이 '하또하또' 법칙을 상기하기 바란다.

[그림 26] 라이온 킹과 '하또하또' 도전

그리고 주절주절 미친 사람처럼 '하또하또'를 웅얼거리라. 내 입에서 나오는 말은 뇌 속의 잠재의식에게 전달해준다. 자신감이 생기고, 포기했다가 다시 하게끔 해주는 에너지를 생성시킨다. 말의 힘에 약간의 색깔을 입힌다. 색깔이 바로 '하또하또'라는 단어이다. 너무 쉽다. 단순하다. 그러나 그 위력은 대단하다. 작은 물방울이라고 보면 된다.

작은 에너지가 결국 커다란 바위에 구멍을 뚫는다. 유학이라는 도전이 막히면 유학 '하또하또', 마라톤이라는 벽이 높으면 마라톤 '하또하또', 여자 친구 이름을 앞에 놓고 OOO '하또하또' 하며 스스로 무의식 속에 '하또하또'를 자리 잡게 하여 이루어질 때까지 열정적인 도전을 하도록 하자.

다시 하나로 선택하자

　이렇게 많은 것을 어찌합니까? 할 필요가 있습니까? 대답은 NO!
이다. 살면서 우리는 한정된 시간 속에서 삶을 수놓아가고 있다. 영
원히 이 지구별에 존재하는 일은 없다. 아무리 취미이고 도전이지만,
너무나 많은 종류를 이것저것 지속적으로 병행하는 이유는, 서로가
보완이 되기 때문이다. 정신없이 섞어서 활동하는 것은 아니다. 여
러 가지를 공존시키면서 한 것의 장점은 그 중에서도 자기에게 맞는
가장 적합한 항목을 실제 경험을 통해 선별할 수 있다는 것이다.

　해보지 않고 책을 보고 이론적으로 판단하고 누군가의 이야기만
듣고 판단하는 것은 정말로 아쉬운 일이다. 왜 아쉽다는 표현을 하
는가 하면, 자신에게 적합하고 활기를 주는 종목을 평생 하지 못하
거나 접해보지도 못하는 경우가 있기 때문이다. 예를 들어 테니스에
천부적인 체격과 소질을 타고난 사람이 있는데, 한 번도 테니스 시
도는 안 해본 채 엉뚱한 것만 하고, 잘 맞지도 않고 적응도 안 되는
것을 억지로 하면서 지구별 여행시간을 보낼 수 있기 때문이다. 아
쉬운 정도가 아니라 안타깝기 그지없다.

　모든 도전은 서로 일맥상통한다. 그래서 한 가지를 하면 다른 한
가지에 접하는 데 그리 어렵지 않게 된다. 그리 많은 시간이 들지 않
는다. 등산복이 낚시에 활용해도 무방하고 달리기에도 적합한 소재

로 만들어진 이유와 흡사하다. 몸의 신체 근육이 어느 한 분야에 대해서 형성되면, 다른 분야는 조금 다르더라도 몸이 훨씬 빨리 적응하게 된다. 나는 주변 사람들로부터 "운동신경이 참 발달하셨군요."라는 말을 들을 때면 왠지 어색하다. 연습! 연습! 연습. '하또하또' 법칙으로 여러 가지 신경들이 발달하는 것을 겪어왔기 때문이다. 결코 타고난 체력이나 운동신경이 아님을 잘 알기 때문이다.

여러 가지 활동은 항상 도전을 가능하게 한다. 즉 도전에서 뭐가 나타나도 두려워 하지 말자. 올라가야 하는 것, 내려가야 하는 것, 산·바다·강·밀림·사막 등 어느 것 하나 어렵지 않은 것은 없다. 하지만 여러 가지 공존하는 평소의 운동은 이런 것을 다 감당해낼 수 있는 준비가 된다. 도전은 곧 삶의 역경에 비유되기도 한다. 역경을 맞아 해결하는 것은 준비이다. 삶에서도 마찬가지다. 매일 하지는 않지만 여러 가지 공존할 수 있는 대처 능력을 키우면 역경에 대처가 가능하고, 만족스런 해결책을 찾아서 실행시킬 수 있게 된다.

여러 가지 공존을 하는 중에 자신에게 가장 적합한 것을 선택하자. 그리하여 선택한 것에 집중하자. 약간의 신경만 쓰면 언제든지 다시 내 것으로 만들 수 있는 끈을 만들라. 현재 나는 수상스키를 타지 않는다. 그러나 언제든지 강변을 가다가 수상스키를 탈 수 있는 시간과 조건이 되면 시원하게 물살을 가로 지르고 갈 수 있다. 이것은 공존의 법칙을 잘 활용한 결과이다. 이제 나는 연령과 가족과 전체적인 상황을 고려하여 클라이밍을 선택하고 멀티 플레이어로 집중하고 있다. 당연히 이전에 했던 것과는 하나의 끈을 가지고 있다. 언제든지 활성화가 가능하도록 하는 끈이다.

· 지금 생각 하는 활동 중에서 조금이라도 가능한 모든 것을 나열해 보자.
· 그 중에서 특별히 오랫동안 지속 가능한 것은 무엇인가?

Inspire the others,
(다른 사람들에게도 영향을 주어 함께 행복하기)

　도전하고 실행하고, 몰입하고 지속하고 병행하는 이유는 무엇인가? 결국 공존하는 것이다. 나 혼자서만 팽이법칙으로, 연못법칙으로 여러 가지 도전을 성공시키고 즐거운 삶을 살면 즐거울까? 그렇지 않다. 주변 사람들과 같이 즐거움을 나누도록 동기부여를 하고 함께 원리를 이해하여 같이 즐거울 수 있어야 한다. 매슬로우의 욕구 5단계 이론 중에서 5단계인 자아실현을 하고 난 이후에 해야 할 일일 것이다. 6단계 정도라고나 할까? 생존-안전-소속-존경-자아실현 그리고 '다른사람에게 영향 주기'라고 하면 될 것 같다.

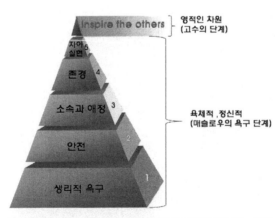

[그림 27] 매슬로우의 욕구 5단계를 넘어서 영적 단계로 가는 도표

일찍이 소크라테스는 인간은 사회적 동물이라고 했다. 같이 모여서 살아야 한다는 의미이다. 나 혼자도 힘든데, 다른 사람과 같이 가는 것은 더 힘들다고 하는 사람들도 있다. 물론 맞는 말이다. 그래서 앞에서 말한 '두부를 잘라야 한다면 바위를 자를 실력을 갖추라.'는 의미이다. 내가 쉽게 할 수 있으면 옆의 사람을 도와줄 수 있다.

산행 초보자를 겨울산에 데려가면 아이젠, 스패츠, 스틱 등 산행에 필요한 것을 알려주고 같이 도와주고 해야 할 상황이 빈번하게 발생한다. 이때 여러 가지 부류의 단계적 사람의 계층이 나타난다. 나는 이것을 산행 단수라고 표현한다.

1단은 돌발적인 날씨 상황에 어찌할 바를 모르고 허둥대는 사람이다.

2단은 나만 하고 다른 사람은 신경 안 쓰는 사람이다. 이기적이지만 자기 자신은 확실하게 챙길 수 있다.

3단은 자기는 안 하고 다른 사람만 신경써주는 사람이다. 자기를 희생하여 남을 살리는 살신성인 정신이 투철한 사람이다. 그러나 팀에서는 문제가 된다. 결국 이런 행위로 인하여 팀워크가 깨지고 전체가 위험에 직면할 수도 있다.

4단은 자기 자신도 잘 챙기고 타인도 잘 돌봐주는 사람이다. 결국 4단 정도가 되려면 혹독한 시련을 견디고 일어선 사람이어야 한다.

하지만 아무나 다 4단이 되는 것은 아니다. 3단이나 4단이나 실력은 같지만, 4단은 자신의 영향력을 타인에게까지 넓혀서 행동하는 사람이다. 그러나 4단은 자기의 경험을 가지고 상대에게 영향력을 미쳐서 일이 이루어지게 하는 곳에 주로 신경을 쓴다. 즉 산행에서 위험하지 않도록 충고해준다. 아이젠을 착용하는 방법을 알려주고 도와준다. 그러나 상대방의 기분은 그다지 고려하지 않는다. 영향력의 질은 생각지 않고 양적인 것만 생각하는 것이다. 최고수는 5단이다. 기술과 마음은 4단과 같지만 1단에게 기분 나쁘지 않도록 동기부여 하는 사람이다. 즉 보이지 않는 정신적 도구를 잘 활용하는 사람이다. 조직이든 산행 팀이든, 아니면 가정이든 마찬가지다. 5단은 조직에서는 팀원이 기분 나쁘지 않도록 동기부여 하는 팀장이고, 산행에서도 팀원이 즐겁게 따르도록 지도해주는 팀장이며, 가정에서도 자녀나 배우자가 마음 상하지 않고 협력하여 시너지를 내게 하는 고수 가장이다.

누군가에게 영향력을 미쳐서 어떤 행동을 하도록 하는 일을 우리는 리더십이라고 한다. 어쩌면 5단계는 진정한 리더이다. 타인으로 하여금 즐겁게 실행하게 한다. 그 결과에 대해서 보상받으려 하지 않는다. 칭찬받으려 하지 않는다. 상대의 존재감을 인정하고 잠재력을 발휘하도록 해준 것에 대하여 공치사하지 않는 사람이기 때문이다. 일을 이룬 결과를 자신의 공이 아니라고 생각한다. 자기가 영향을 미친 상대방을 인정하기 때문이다. 그래서 '섭섭하지 않다. 마음을 비웠다.'라는 표현과 연결되기도 한다. 그는 세상의 이치를 인간관계에 제대로 활용하는 사람이기도 하다. 이런 사람이 바로 진정한 고수이다. 다른 사람이 즐겁게 삶의 여행을 함께하도록 이끌어주는 고수가 되어보자.

제 6 장

'도실몰지공' 으로 이룬
9가지 도전 이야기에서 얻은 보물

첫째-사하라사막 250킬로 시각장애인 가이드를 다녀와서 (KBS 스페셜 2005년 11월 방영)

눈을 떴다. 어디가 어딘지 아직 모르겠다. 아직 사막에 있어야 하는데…. 덥지도 않다. 목도 안 마르다. 옆에 있어야 할 송경태 관장님도 보이지 않는다. 이곳이 어디일까?

한참을 생각한 후에 후~우, 하고 안도의 한숨을 쉰다. 그렇다. 이제 나는 안전한 땅, 축복의 땅, 물이 있는 곳, 생명의 풀이 있는 곳에 있는 것이다. 마냥 행복하다. 아아, 이렇게 행복한 적이 있었던가? 이제 푸른 산에 가면 두려운 행복이 될 것 같다. 너무 행복해서 조금이나마 날아간다면 가슴 아픔을 참기 힘들 것 같은 조바심에….

며칠 전까지 나는 사하라사막에 있었다. 서바이벌 사막 마라톤 250km를 도전하고 있었다. 서바이벌은 말 그대로 홀로 알아서 생존해야 하는 경기이다. 먹을 것, 잘 것 등을 모두 배낭에 메고 가야 한다.

누군가 시켜서 왔다면 백 번도 더 포기했을 것이다. 뭔가를 생각하겠다고 하면서, 의미를 두면서 참가한 머리는 온통 눈으로 받아들여지는 쇳조각 같은 돌덩이와 자갈 무덤, 금방이라도 살을 녹일 것 같은 뜨거운 모래를 보면서 생각의 기능을 상실한 것 같았다. 모래에 코펠을 묻고 컵라면을 넣으니 제법 먹을 정도로 익는다.

괜히 온도계를 가져왔나 보다. 차라리 모르면 더욱 좋았을 것을…. 온도는 56도를 가리켰다. 이런 곳을 한 걸음 한 걸음 전진하게 한 것은, 스

[그림 28] 사막은 인생길이다. 56도 열기 아래서 한 걸음 한 걸음….

스로 삶의 주인이 되어 선택했다는 것, 그게 가장 큰 것이었다. 머리의 한 쪽에 저장된 가족과 동료들의 이미지도 에너지가 되었다. 그래서 평소에 가족과 함께, 동료들과 함께 즐거운 시간을 갖는 것이 얼마나 소중한 것인지를 다시 한 번 깨닫는다.

사방을 둘러봐도 숨을 곳 하나, 그늘 하나 없는 사하라 코스에서 가족을 떠올리니 눈물이 펑펑 쏟아진다. 옆에 있는 시각장애인이 모르도록 소리를 죽이고 눈물이 만들어져 나왔다. 사막에서 눈물은 시원한 물을 마시는 것처럼 몸 전체를 시원하게 해주었다. 모래바람이 들어가지 말라고 만들어진 고글은 나의 눈물을 가두어서 습기를 만들었다. 가끔 안경을 들면 주루룩룩 덩어리 눈물이 쏟아진다.

머리로 생각하는 것보다 가슴으로 느끼고, 그동안 잘못 살았던 삶을 반성해본다. 특별한 것이 아니고 평범한 것이었다. 가족들, 부모님, 회사 동료 등 내 곁에 있었던 사람들에게 돌아간다면 잘해주어야지 하고 다짐해본다.

멍한 순간이다. 옆에 매여 있던 송경태 관장님의 안내 끈이 잡아당겨진다. 헉! 쓰러진다. 정신이 번쩍 든다. 재빨리 배낭을 벗고 물을

꺼내 여기저기 부어 적신다. 뜨겁다. 몇 초 지나자 뜨거움이 시원함으로 바뀐다. 커피를 그냥 넣어서 흔들면 바로 마실 수 있는 온도로 물이 태양에 데워져 있다.

발은 이미 내 것이 아니다. 꼭 어릴 때 할머니가 챙겨주던 광주리의 홍시감처럼 변했다. 물렁거리는 순서대로 터지고 있었다. 구멍 난 자전거 튜브처럼 여기저기 실로 꿰매고 밴드로 땜질한 발이 되어버렸다. 이렇게까지 되면서 가는 의미가 무엇일까? 과연 마지막 날까지 버틸 수 있을까? 빅터 프랭클의 죽음의 수용소가 떠올려지면서 위안이 되기도 한다.

새벽이 두렵다. 아침으로 연결되어 오늘도 얼마의 태양열 고문을 나 자신에게 시켜야 할지… 오늘은 사하라의 열에너지가 얼마나 나를 말릴지… 아무튼 이것은 나의 영향력의 원 밖이다. 내가 조절 불가능한 자연의 소관이다.

다른 사람(시각장애인 송경태 님)을 인도하는 것은 혼자 가는 것보다 더 많은 힘이 든다. 더구나 여기는 사하라다. 극한상황의 연속이다.

아침밥 챙겨 드리고, 생리현상 해결하고, 그날 필요한 식량 점검하고, 장비 점검하고, 복장 착용하는 것을 다 해드리고,

[그림 29] 사막의 언덕 "듄" 은 인생에서 역경을 넘는것과 유사하다

정신없을 정도로 빨리 다시 내 것을 점검해야 한다. 이런 여러 가지 상황을 빠른 속도로 하다 보니 오해를 사기도 한다. 내가 먹어야 저분을 인도할 수 있는데…, 아무런 생각 없이 우걱우걱 먹으면서 가방을 챙겨드리다가 혼자서 다 먹는다는 소리를 듣기도 한다. 이런 땐 물리적 사막보다 정신적 사막이 참으로 견디기 힘든 코스다. 두 개의 사막을 동시에 가고 있는 것이다.

나는 삶에서 누구를 인도했는가? 누가 바른 길로 가도록 고무시켰는가? 나로 인하여 올바른 삶을 살도록 영향력을 미친 사람이 몇 명이나 될까? 다시 한 번 나 자신에게 물어본다.

많은 갈등과 아픔과 희열 속에서 피오줌이 나왔다. 포기하고 싶은 갈등, 발톱이 다 빠지는 아픔, 성취했다는 희열이다. 거꾸로 매달려 있어도 시간은 간다고 위로해본다. 별이 쏟아질 것같이 선명하다. 언젠가 가족들과 함께 이곳으로 다시 여행 오게 해달라고 별에게 소원을 빌어본다. 별을 보다가 모래 위에서 그대로 잠이 들었다.

6일째 되는 날이다. 오늘이면 끝난다는 정신은 육체의 고통을 아무것도 아닌 것으로 만들었다. 피라미드를 통과하니 전자저울이 나를 반긴다. 체중이 8킬로그램 빠졌다. 패스 증명서에 완주 등록을 하고 완주 메달을 받았다. 요즘도 그때를 생각하면 눈물이 핑 돈다. 누군가 나보다 더 어려운 사람을 안내하면서 역경을 이겨준 자신에게도 감사를 한다.

이제 삶의 의미를 다시 새기자. 죽음의 문턱이 삶과 바로 붙어 있는 것을 보았다. 푸른 들과 산을 가진 이 땅에서 사는 것만으로도 깊이 감사한다.

다시 새로운 삶, 더 정직한 삶, 더 친절한 삶, 더 성실하고 약속도 잘 지키고, 아이들과 더 많이 놀아주는 삶을 살자고 다짐해본다. 제1회 이집트 사하라 마라톤 경기는 나에게 참으로 많은 행복을 느낄 수 있는 선물을 준 것 같다. 돈과 시간을 투자한 도전이었지만, 투자보다 훨씬 더 많은 행복을 가져다주었다.

우스운 것은, 일단 여름의 더운 날씨에도 정신은 "이봐, 사하라에서도 견디어냈잖아. 이 정도 더위 가지고 무슨 에어컨이야?" 한다. 그래서 지금도 집에서 에어컨을 사용하지 않는다. 아마도 우리 뇌에는 고통의 깊이만큼 도전 당시의 기억을 오랫동안 기억하게 하는 시스템이 있는 것 같다. 그 어려움은 다음에 나타날 어려움을 극복하는 에너지원이 되는 것을 가끔 확인하게 된다. 누군가를 안내하면서 사하라사막을 넘는 것은 쉽지 않다. 그러나 인생사막은 그보다 더 어렵다. 이 어려운 인생사막에서 나타나는 고통과 역경은 사하라의 언덕과 목마른 길이다. 이런 길을 먼저 다녀온 것은 인생사막을 지혜롭고 느긋하게 가게 해주는 보물이 되었다. 환경이 어려워도 행운아임을 느끼면서 살게 해주는 에너지원이다.

※ 사막에서 얻은 보물
  언제나 행복하다는 생각을 주는 마술 지팡이.
  어떤 상황도 불평불만 하지 않도록 해주는 마법의 주문.

둘째-한국 청소년 오지탐사대 대장

2009년 7월 19일부터 8월 6일까지, 19일간에 걸친 오지탐사대 대장으로 피레네 산을 다녀왔다. 피레네는 산이라기보다는 하나의 거대한 대륙이다. 산맥의 규모는 가로가 430km, 폭은 넓은 곳이 160km에 이른다. 우리가 탐사한 곳은 22개 지역으로서 위성에서 지도를 나눈 곳 중 07번 TENA와 08번 ORDESA 지역이었다. 피레네 산맥은 유럽 남서부, 프랑스와 스페인 국경에 자리 잡고 있다. 프랑스어로는 피레네(Les Pyrénées), 스페인어로는 피리네오스(Los Pirineos)라고 한다. 이 거대한 산맥의 최고봉은 중앙부의 아네토 산(3,404m)이며, 대서양의 비스케이 만에서 지중해의 리옹 만까지 유럽의 동서 방향을 벨트처럼 가르는 산맥이다.

오지탐사대는 4,000여 명의 지원자 중에서 65명이 선발되었다. 선발 과정은 체력과 실제 산행에서의 협동심이나 성품 등을 판단하여 이루어졌다. 내가 본 견지에서는 지원자 모두가 다 너무 훌륭한 젊은이들이어서 그들이 다 참여하지 못하는 상황이 안타까울 정도였다. 이들이 스스로 도전하고 고난을 헤쳐 나갈 수 있도록 간섭하지 않고 어려울 때 도와주는 코치이자 친구이자 형님 같은 역할이 이번 탐사에서 나의 역할이었다.

한국에서 오지 적응을 위해 3차에 걸친 오지탐사대 훈련을 마치고 바로 구미를 향한다. 대학생인 수경이와 승화의 집이 내가 가야할 방향과 일치한다. 어쩌면 이들이 하는 말 한 마디 한 마디마다 어른들이 배워야 할 도전 정신이 많이 들어 있는지…. 내가 보기에 아직 연약하고 아이 같은 학생들이 산에서 배우고 산에서 웃고, 산에서 행복하고 산에서 땀 흘리며 삶의 의미를 깨닫는단다. 산에 다니면서 자신감이 생기고 자존감이 회복되었단다. 어디에 내다놓아도 손색없는 청년들이다. 그들의 꿈과 도전 정신. 세상 모든 것들이 자신이 마음먹기에 달렸다고 하는 삶에 대한 이야기가 너무나 어른스럽다. 일찍부터 도전을 삶의 핵심가치로 체득한 이런 청년들이 요소요소에 있음을 보고 대한민국이 이래서 미래가 밝구나 하고 새삼 느낀다.

얼마 후 이 훌륭한 청년들과 함께 오지탐사의 부푼 꿈을 안고 마드리드에 도착한다. 7시간에 걸쳐 버스는 스페인을 가로질러 갈레고 마을까지 이동한다. 산행이 시작된다. 마을에서 첫 산장인 레스포무소까지의 약 7km 정도의 산행이다. 한국에서 스페인까지 21시간 이동하자 산에 적응하는 대원들이 힘들어 하는 장면들이 보이기 시작한다. 이런 와중에 산중에서 보이는 검푸른 호수와 가끔씩 길을 가로막은 만년설과 빙하는 여름의 열기를 식혀주는 에너지가 되었다.

하룻밤을 산장에서 보내니 어느 정도 피레네라는 낯선 산에 대한 감각이 돌아온다. 피레네의 밤은 낮과 기온차가 많이 나서 상당히 쌀쌀하다. 산행 둘째 날이다. 2,668m의 라푸차 고개를 넘어가는 날이다.

앞에 가던 대원들 4명이 갑자기 휘청하면서 쓰러진다. 서 있는 대원들도 비틀거린다. 경태 대원이 쓰러진 채로 일어나지 못한다. 팔꿈치에서 피가 흐르고, 준성이가 의료 가방을 꺼내고, 카메라는 움직이고, 가이드는 카메라를 치우라고 소리 지르고…. 돌풍으로 인한 한 바탕 소란스런 상황이 펼쳐진 것이다. 설마 바람에 쓰러지랴 하고 마음을 놓고 걷다가 생긴 일이다. 평지 같으면 문제없지만 칼날 같은 바위들이 벽을 장식한 낭떠러지 길이다. 경태는 충격을 받은 것 같았다. 움직이지 않는다. 너무 갑작스런 통증에 숨이 막혀 조금 진정해야 말을 할 것 같은 상태이다. 다행히 생명에는 지장이 없을 것 같다. 절벽 아래로 굴러 떨어졌으면 어떤 결과가 나왔을지…. 몸에 소름이 돋는다. 제발 이것

[그림 30] 수많은 종류의 바위를 지난다.

이 처음이자 마지막 사고이기를 간절히 원해본다. 자연 앞에 기도한다. 모두가 무사하기를. 그래서 이 도전을 통해 많은 것을 느끼고 힘든 것을 이겨내 훌륭한 대한민국의 역군으로 성장하기를 기원한다. 이들을 앞으로 남은 2주의 기간 동안 털끝 하나 다치지 않고 인천공항까지 가도록 하는 것이 이번 탐사대장의 미션이다. 그러므로 이들의 도전은 힘든 산행이고, 나의 도전은 이들의 안전을 지키는 것이기도 하다.

왜 유독 경태만 심하게 넘어진 것일까? 이어폰으로 음악을 듣고 있었다. 몸의 오감이 제대로 작동하지 않은 것이다. 험한 산길에서 음악을 듣는 것은 낙석이 떨어질 때 소리가 들리지 않을 수도 있고, 뒤에서 "곰이다!" 하고 소리쳐도 들리지 않아 곰 발바닥에 싸대기를

맞는 경우도 발생할 수 있지 않겠는가? 이동 중에는 가급적 자연의 경치와 소리를 듣고, 휴식할 때 음악을 듣는 것도 좋은 방법임을 대원들에게 주지시킨다. 돌풍의 상황을 가장 잘 파악해야 할 현지 가이드도 아무런 경험과 정보가 없는 것 같다. 가끔씩 할머니 할아버지 나이 수준의 등산객이 보인다. 짐작이 간다. 특별히 가이드가 필요치 않아서 가이드가 등반을 자주 할 상황이 아닌 것이 예측된다. 따라서 피레네 산맥은 산행 하루 이틀 전에 현지에서 충분히 정보를 수집하여 가이드 없이 산행하는 것이 적합한 산행임을 알 수 있었다.

산행 내내 보이는 거대한 바위와 아름다운 산속의 호수 만년설은 가끔 새로운 경치를 제공한다. 여기저기 흘러나오는 수정처럼 맑은 물들은 바로 마셔도 정수기에서 마시는 냉수보다 물맛이 좋다. 가끔 한국의 산에서 계곡이 말라 있음을 볼 때 우리나라보다 몇 배 더 물이 풍부한 이곳이 부러워지고 우리가 물 부족 국가라는 말이 새삼 다가온다.

하루 8~10시간 정도 산행을 한다. 4일째는 휴식 겸 식량 보충과 장비 점검일로 정했다. 지금 당장은 더 걸을 수 있겠지만, 내일부터 이어지는 장기간 산행을 위하여 휴식한다. 도전에서 여유는 힘이 있을 때, 쉴 수 있을 때 부려야 한다. 이 포인트를 잘 잡아야 한다. **삶에서 고수는 휴식과 일의 균형을 잘 유지한다. 하수는 어느 하나에 목숨 걸다가 균형이 깨지고 만다. 일과 여가와 가정과 친구 등 여러 균형추 사이에서 우리는 제대로 중심 잡는 것을 연습해야 한다.**

피레네에서는 "봉주르!"라고 인사를 하면 프랑스인이고, "올라!"라는 답을 하면 스페인 사람이다. 인사말을 통하여 국가 구별법을 알았다. 산장에서도 어느 인사말이 많은지에 따라서 우리가 어느 나라에 와 있는지 알게 되었다. 트래킹 중에 여자 둘이 차가운 호수에서 수영을 한다. 가끔씩 알몸을 드러낸다. 아무도 보지도 않고, 온몸을 통해 수영을 마음껏 즐길 뿐이다. 그녀들은 몸매를 자랑하듯 그대로 밖으로 걸어 나온다. 당당하다! 도전은 여러 가지 패러다임을 넓혀준다. 내가 맞고 너는 틀리다는 틀을 깨준다. 인생이라는 산에서 다른 사람과의 관계에 있어 이해의 폭을 넓게 해준다. 결국 우리는 다 벗지 못했다. 아마도 머릿속엔 더 많은 잡념들을 걸친 채였다. 그냥 놓아버리면 아무것도 아닐 것이다.

계속되는 산행을 위한 정리와 다음 날을 위한 에너지 충전으로 하루를 보냈다. 다시 카사데파이드라에서부터 산행이 시작된다.

우리는 피레네를 오르면서 동시에 열일곱 개의 서로 다른 보이지 않는 정신의 산을 오르고 있었다. 대원들 각자의 산, 열세 명의 꿈을 품은 봉우리, PD가 오르는 촬영의 산, 가이드의 갈등의 산, 대장 부대장은 대원들에 대한 염려의 크레바스를 통과한다. 우리들 각자의 산은 시시각각 변화한다. 즐거움의 산, 고행의 산, 기쁨의 산, 괴로움의 산, 힘든 산, 보람 있는 산, 과거의 이야기로 복잡해지는 산, 모든 것을 버리는 단순해지는 산, 휴식 중에 한 '내 삶의 여행'은 여기저기 모여서 나름대로 지금까지 살아온 삶을 점검하고 미래의 삶을 계획했다. 이것이 바로 제대로 된 교육이구나 하는 것을 볼 수 있었다. 청년들 스스로가 진지하게 삶을 고민하고 갈등하고 자신의 방향을 정하는 야전 교실이었다. 웅장한 자연의 풀밭에 나와 자연의 하나가 되어서 인간으로서 할 수 있는 일과 해야 할 일을 구분하기도 했다. 미리 준비해간 『내 삶의 여행』 교재가 좀 무겁고 보완해야 할 면도 있었으나, 각자 나름대로 하나씩은 인생의 산을 오르는 데 기억하리라고 믿는다. 공부를 원해서 즐기면서 하는 사람은 교재와 선생님을 탓하지 않는다. 우리 대원들도 교재와 나를 탓하지 않으리라고 위로해본다. 결국 공부는 각자가 하는 것임을 깨닫는다. 피레네라는 자연이 주는 영감과 오지탐사대 일정과 삶에서 중요한 시기의 나이에 있는 대원들이 '내 삶의 여행'에 도전한 것은 큰 축복 이다. 그 속에서 우리나라의 미래를 키워갈 리더가 나오리라고 믿어 의심치 않는다.

※오지탐사대에서 얻은 보물
도전의 과정에서 비전과 꿈을 찾고 이루는 계획을 세우는 여행을 동시에 함.

셋째-캄보디아 베트남 가족 배낭여행

일반적인 가족여행은 갈 수 있지만, 가족 배낭여행은 쉽지 않은 것 같다. 홀로 가는 배낭여행과 가족이 함께 가는 배낭여행은 여러 가지 차원에서 다르다. 비용을 절약하는 면도 있지만, 요즘 아이들이 고생을 해보지 않아서 어른들과 같이 행동하는 것에 힘들어할 수 있기 때문이다. 또한 여기저기 도사리고 있는 위험성도 도전을 쉽게 하지 못하게 하는 요소이다.

부모 마음이 아이들에게 도전정신을 심어주고 싶어 하면서도, 막상 행동에 있어서는 부모로서 모든 풍파를 다 감당해주는 바람막이 역할을 하는 경우가 많다. 원하는 것은 도전정신이 강한 아이를 원하고, 행동은 그렇게 못 하는 것이 백 번 이해가 간다. 나 또한 부모이므로. 그러나 진정 아이들에게 필요한 것이 무엇인가를 생각하면, 조금 마음이 아파도 그 시련을 그대로 아이들이 통과할 수 있도록 해주려고 노력한다. 그래서 이번 가족여행도 배낭여행이 된 것이다.

2006년 인천 공항에서 버너에 든 휘발유를 반납하고 짐을 싣는다. 텐트, 코펠 등 짐으로 한 가족이 커다란 배낭 4개를 준비했다. 그 나라 문화를 체험해야 하기도 하지만, 가끔은 식사비를 절약하려는 생각이었다. 현지 시장에서 식재료를 사서 적당한 장소에서 해먹자는 생각이었다. 당시만 해도 버너 자체의 무게도 상당했다. 12월 27일 한 겨울 한파로 인하여 두꺼운 옷이 더해졌다. 이런 부담스런 도전여행을 아내나 가족이 즐길 리 없었다. 이번 여

각자가 자신의 배낭을 메고 캄보디아에서 걸어서 베트남 국경을 넘기 전 가족의 모습이다.

행의 내 화두는 화를 내지 말자는 것이었다. 나 자신의 정신 영역에 대한 도전이었다. 미리 아침에 일어나서 오늘 있을 화가 날 상황을 여행 일지에 기록했다.

화날 상황 - 아이들이 늦게 일어나서 여행준비에 차질이 생길 때, 아내가 아프다고 할 때, 배낭이 무겁다고 짜증 섞인 목소리가 나올 때, 날씨가 너무 덥다고 할 때, 이동 중에 느린 걸음으로 버스나 기차를 놓칠 때 등, 내가 화를 낼 상황은 지뢰처럼 여러 곳에 산재해 있었다. 이렇게 예측되는 상황이 미리 다가오기 전에 기록해보니 화내는 정도가 약해지고 횟수도 훨씬 줄어들었다. 나 자신에 대한 도전에서 어느 정도 성취감을 맛보는 것이 달성되었다.

프놈펜에서 문화, 유적지, 박물관을 보고 나서 버스로 씨엠립으로 이동했다. 앙코르와트 유적지를 관광하고 나서 다시 베트남으로 긴 버스 여정을 갔다. 호치민에서 다시 나짱으로 버스를 타고 이동하고, 나짱에서 다시 기차를 타고 호치민으로 온 후 다시 캄보디아 프놈펜으로 갔다. 특별히 여행사에서 맞춘 일정이 아니었다. 지도를 보고 걷고, 버스 타고, 기차 타고 하는 여행이었다.

호치민에서 보낸 설날은 온 가족이 뿔뿔이 헤어질 뻔했다. 아침에 여행사 버스에 오르는데, 몰리는 인파로 아이와 나와 아내가 서로 다른 버스를 타서 위험해진 경우도 있었지만, 다행스럽게도 무사히 해결되었다. 나짱으로 가는 장거리 버스는 아이들에게 또 다른 인내심을 키워주었다. 중간에 식사를 주문했는데 버스가 출발하기 직전에 나온 일도 상황 대처에 대한 지혜를 알 수 있게 해주는 인생 학교였다.

앙코르와트의 유적지는 우리 가족이 스스로 계획을 세우고 느긋하게 돌아볼 수 있었다. 바욘의 미소는 지금도 우리 가족에게 영향을 준다. 힘들고 지칠 때 가족 중에 아무나 "바욘"이라고 말하면 서로가 바욘처럼 미소를 짓자는 약속을 그때 한 것이다. 이런 것은 도전여행에서만 얻을 수 있는 값진 보물이다.

재래시장에 가서 그 나라 문화를 보고, 그 나라 사람들이 이용하는 숙소에서 같이 어울리며, 아이들도 도

[그림 32] 바욘의 미소-앙코르와트

마뱀이 있는 방에서 같이 잠을 잤다. 이런 것은 타 문화를 이해하고 패러다임의 유연성을 기르는 기회가 되어 아이들에게 참 좋은 체험이 되었을 것이다.

호숫가의 빈민들이 사는 곳을 보고 자신이 얼마나 행복한 삶을 영위하는지 느꼈을지도 모른다. 이런 것들이 모여서 아이들이 자신

의 꿈을 만들고 역경을 헤쳐 나가는 추억이자 하나의 에너지로 작용할 것이다.

도전은 주로 보이지 않는 곳에 투자하는 것이라고 말하고 싶다. 당시에 차가 없어서 하는 일에 여러 가지 불편함이 많았다. 4인 가족 왕복 항공료만 해도 중고차 하나는 구입할 수 있는 액수였는데, 도전여행을 선택한 것이다. 5년이 지난 지금 돌아보면 참으로 잘한 선택이었다고 확신한다. 큰아이는 이런 여행을 겪고 나서 지금 혼자 중국에서 살고 있다. 자신의 꿈을 향해서 가고 있는 모습을 본다. 초등학교 졸업 후 바로 가서 적응하기 쉽지 않았을 텐데, 북경대를 향한 아이의 꿈을 보면 도전여행이 주는 영향을 새삼 느낀다.

※가족 배낭여행에서 얻은 보물

아이들이 어려운 여행을 통해서 고생하고, 견문을 넓히고 자신감을 배양함. - 어려운 나라의 가족 모습을 보고 가족의 행복과 소중함을 느낌.

넷째-알래스카 매킨리 등반

돈이 없다. 시간도 안 된다. 장비도 없다. 이것을 어떻게 해결할까? 과연 우주는 인간이 원하면 다 이루어줄까? 하는 고민으로 시작한 등반이다. 진정으로 원하고 행동하니 이루어지더라는 증거이기도 하다.

헉헉! 하악! 하악!

순간 번쩍 하면서 눈앞이 하얘진다. 화이트아웃이란 기상현상이다. 매킨리에 있는 특이한 자연현상이다. 날씨가 너무 하얗게 되어 한 치 앞이 보이지 않는다. 손끝이 감각이 없다. 발끝은 감각이 없는 것보다도 무게로 인한 고통이 더 두려움으로 엄습한다. 이 배낭을 제대로 메고 오를 수 있을까? 내 몸 속의 모든 에너지가 밖으로 나왔다. 이제 더 이상 못 간다. 한 발자국만 가서 멈추자. 쉬자. 아주 편히 쉬는 것도 하나의 방법일 것 같다.

순간 남겨놓은 가족과 끝을 생각하는 평소의 습관대로 혹시나 못 돌아올 경우에 대비하여 남겨놓은 유서가 떠오른다. 이대로 주저앉으면? 아아! 매킨리. 이 산은 도대체 너에게 무슨 의미인가?

또한 너는 너를 아는 분들에게 무슨 의미인가?

이 산에서 너를 다스리면, 너를 통해서 누군가가 용기를 얻을 수 있을 것인가?

여러 가지 복잡하고 답을 알 수 없는 질문들이 머리를 꽉 채운다. 한 발자국 한 발자국 헉헉대는 호흡과 다리가 연결되어 엔진처럼 규칙적으로 걸음을 옮긴다. 아마 나는 몸이 고산의 고도에 적응되지 않는 체질인가 보다. 다른 대원들에 비하여 나만 특히 더 고통스럽고 적응이 느리다는 것을 감지한다.

나와 자일을 직접 연결한 전 기상청장님이 쓰러진다. 소리를 지른다. "에머전씨! 에머전씨! 페이창~~(비상)! 중국어와 영어가 혼합된다. 이마의 고드름과 나오자마자 얼어붙는 콧물이 범벅이 되었다가 고체가 되어 떨어진다. 새벽 출발 전에 "영하 38도야! 체감온도는 43도는 될 것 같아! 오늘 양말 3켤레 신자구!" 하시던 청장님의 목소리 색깔이 너무 선명하다. 그런데 이상하게도 춥지 않다.

아! 나는 이미 집에 와 있구나. 공항에서 너무 시커멓게 타고 수염이 많아진 나를 알아보지 못한 아내 곁에 누워 있구나. 아! 행복하다. 아침에 물로 세수를 한다는 생각에 너무 가슴이 설렌다. 학교에 가려고 준비물을 챙기면서 두 딸이 옥신각신하는 모습조차 아름답게만 보인다.

오늘 아침에 꿈인지 생시인지 분간 못 할 정도로 생각을 깊이 하여 과거의 한 토막 시간여행을 한 것 같다. 고산을 등반하고 나서부터 군 제대 후 계속되는 공포의 꿈이 가끔 반복된다.

대원 중에 히말라야를 6번이나 다녀온 대원, 아콩카와(남미 최고봉)를 쉽게 다녀온 대원도 있었다. 매킨리를 3번째 도전하는 끈질긴

이도 있었다. 미국인 친구가 가이드가 되어 등반대에 합류하게 되었다. 의도하지 않았는데 여러 가지 상황으로 한미 합동등반 꼴이 되었다. 마음을 열고 서로 다른 등반문화와 기술을 배울 수 있는 기회다. 같이한다는 것이 꺼림칙하긴 하지만, 인내력을 가지고 대한다면 좋은 기회가 될 것이다.

사하라에서 다시는 가지 않겠다고 다짐한 인터뷰가 채 잊히기도 전에 또다시 매킨리가 다가오는 경비행기 안에 몸을 맡기고 있다. '이곳은 많은 생명들이 사라져간 곳이다.'라는 표현이 엄습한다. 아, 돌아갈까? 방법만 있다면 갈까? "포기하면서 살고 싶다면 돌아가라."고 의미 없는 대화를 자신에게 해본다.

베이스캠프에 도착하여 텐트를 치고 설레는 마음으로 저녁을 맞았다. 기온은 급강하하여 영하 35도를 가리킨다. 아, 생리작용을 해결하고 자야 하는데 큰 고통이다. 신발을 제대로 신으려면 10분 이상 걸린다. 소변 장소에 가는 데도 산소 결핍으로 고통당할 것이 분명하다. 밖으로 나오니 몸이 얼어붙는다. 어렸을 적 우물가에서 세수하고 들어갈 때 문고리를 잡으면 손에 쩍쩍 들러붙던 기억이 떠오른다.

새벽 2시가 넘었는데 밖은 아직 환하다. 백야현상 이다. '아직'이 아니라 내일 아침 해가 뜰 때까지. 아니, 해가 특별히 뜰 필요가 없는 것 같다. 책 보는 데 전혀 지장이 없을 정도의 밝기이다.

우리 팀은 크레바스를 조금이라도 더 피하려고 새벽 3시에 이동하기로 했다. 제4 캠프 4,800m 정도 아래까지는 이렇게 작전을 세우고 야간에 이동한다. 말이 야간이지 낮이나 밝기가 같아서 구별이 가지 않는다. 특별히 다른 것이라면 춥다는 것이다. 머리 위에 고드름이 열렸다. 혀를 내밀어 나에게서 나온 수분이 고드름이 되어 내려온 물체를 미각으로 더듬어본다.

옆으로 크레바스가 잎을 쩍 벌리고 있다. 크렘폰(설산용 아이젠)으로 전달되는 속이 빈 것처럼 울리는 눈 속을 걸을 때는 가슴이 철렁하다. 극도로 긴장해서 20kg 이상 되는 배낭의 무게를 느끼지 못한 채 건너간다.

썰매에 역시 60kg 가까이 되는 짐이 있다. 아직은 하이 캠프까지 많은 식량과 텐트 등을 가지고 가고 있다.

인생의 짐이다. 많은 것을 가지고 간다는 것이 이리도 고통스러울 줄이야. 짐을 덜 수도 없다. 꼭 필요한 것들이다. 삶에서 한 번 진 고통의 짐을 스스로 어쩔 수 없이 지고 가야만 하는 것의 연장선상 인가!

짐을 담은 오르막길에선 뒤에서 못 올라가게 잡아끈다. 아래로 내리

[그림 33] 여기는 배낭과 별도로 썰매를 끌고 가야 한다.

막길이 있으면 뒤에서 육중한 무게가 여지없이 쾅 하고 발뒤꿈치를 찍는다. 이런 것을 조절하면서 극한 환경을 이겨내려면 뭐가 필요할까? 팀워크이다. 생명을 자일에 묶고 서로의 썰매를 돌봐주면 제대로 된 등반을 할 수 있다. 자일은 10m 앞에 있는 대원의 상태를 가

능하는 통신 더듬이이다. 거의 텔레파시 수준이다. 짐이 무거워 고통을 당하는지, 장비에 뭔가 문제가 있는지를 전달하고 전달받는다. 등반 중에 생리적 현상이 생각나면 큰 낭패다. 주위의 눈(eye)이 문제가 아니다. 해결을 하는 데 10분 이상 걸린다. 높이 오르면서 기압이 내려가면서 평지에서 하는 것처럼 쉽게 하기 어렵다. 거기다 맨살이 노출되면 금방 얼어버릴 것 같다 꾹 참는다. 참자! 참자! '참아야 된다.'를 계속 되뇐다. 어차피 세수도, 한 달간 속옷 갈아 입는 것도 포기했다.

[그림 34] 멀리 보이는 헌터 봉

여행의 끝은 당신이 떠나온 자리를 다시 인식하는 데 있다고 한 누군가의 말이 어렴풋이 생각난다. 떠나온 자리가 역시 좋았다는 것을…. 가족이 계속 맴 돈다. 눈물이 글썽인다. 대원들은 누구나 할 것 없이 가족 이야기를 하면서 눈물을 흘린다. 이제 잘해줘야지. 아이들에게 잔소리도 안 하고, 아내와 아이들과 대화도 더 많이 하고, 아이들의 의견을 많이 들어야지.

많은 생각들이 마음속 깊이에서 우러난다. 고드름이 앞을 가린다. 과거를 다시 돌아본다. 정녕 너의 사명이 제대로 가는 길인가? 너는 너의 사명에 얼마큼의 가치를 부여하는가? 내면에서 답이 없다. 계속해서 자신에게 질문을 해본다. 무겁게 가지고 온 『성공하는 사람들의 일곱 가지 습관』 책을 다시 떠올린다. 이 책은 다른 팀원에게서 '크레이지' 소리를 듣고 있지만, 나에게는 삶을 바꾼 커다란 의미가 있는 책이다.

무게를 줄이려면 묻어서 버려야 하나? 아니면 가지고 가야 하나? 하는 갈등이 헉헉대는 호흡 속에 묻힌다. 고도계는 계속 오름을 표시한다. 4시간 동안 계속 눈의 급경사를 오른다.

아, 나는 왜 이런 행위를 하는가? 의문이 든다. 자신에게 묻는다. 답이 없다. 돌아갈 수 없으니 일단 올라가자는 생각이 든다. 유치하다. 이 생명을 끝까지 유지하여 가족과 만나야 한다는 생각이 몸속 깊은 곳에서 꿈틀댄다. 오늘은 버리고 싶을 정도로 무거운 몸뚱아리와 짐을 5,400m의 정상 바로 밑 하이 캠프까지 끌어올렸다. 알래스카 매킨리의 목적지 정상이 코앞이다.

5,600m 정상보다 더 높은 등산의 문화를 배웠다. 껌 종이 하나 없는 매킨리, 서로 간에 보지 않아도 지켜지는 신뢰의 문화. 한국 팀은 등반이 아니라 전쟁을 하는 것 같다는, 결과 위주의 우리 등반 문화가 더 개선해야 할 것은 무엇인가? 해외 원정대에는 잘 조직된 조직과 장비도 꼭 필요하다. 그러나 우리의 해외 원정문화에서 업그레이드되어야 할 가장 중요한 것은, 무엇보다도 개개인의 내면에서 나오는 성품과 극한상황에서도 안전을 최우선으로 하는 룰을 지키도록 하는 교육이다.

하산 도중 하늘나라에 먼저 가신 신경섭 전 기상청장님. 얼마 전 '하늘나라 날씨는 어떤지요?'라는 직원의 글을 보면서 당시 상황이 떠올랐다. 악천후 속에서 날마다 기온을 체크하여 대원들에게 많은 도움을 주시던 분이다. 청장님이 다 못 한 삶을 나 자신 더 잘살아야 하는데…, 스스로 평가해보면 그렇지 못한 것 같아서 가끔 마음이 아파지기도 하는 맥킨리 도전이었다.

※맥킨리 등반에서 얻은 보물

　먼저가신 분들로부터 "내삶의 여행을 제대로 하라" 하는 메시지를 받아옴. ― 결과 보다 과정을 중시하는 등반 문화를 배움.

다섯째-가족 지리산 종주

언제부터인가 지리산을 온 가족이 같이 가면 좋겠다는 생각을 했다. 몇 년에 한 번씩 가는 지리산 종주길이지만, 가족이 같이 가는 장면이 그리 흔한 것은 아니었다.

[그림 35] 지리산 도전 중 포기(2005)

도시를 여행하는 것도 아니고, 그리 쉬운 산길도 아닌 데다 45km에 달하는 산길이어서 아이들에게 무리는 아닐까? 하는 생각도 들었다. 한편으로는 지금 하지 않으면 아이들이 커나가면서 가족과 함께할 시간이 거의 없지 않을까 하는 생각도 들었다. 첫 번째 지리산 도전에서 하루 종일 비를 맞고 성삼재에서 뱀사골까지 와서 포기했다. 작은애가 다리를 후들후들 떠는 것이 보였다. 쏟아지는 비로 인하여 하루 종일 먹지도 못하고 걸었으니 그럴 만도 했다.

1년이 지나서 두 번째 도전을 한다. 집을 나서면서 그래, 이번에도 최선을 다하자고 다짐한다. 모든 도전은 끝나고 나서 자신에게 충실

했다고 생각하면 성공이다. 긴 코스로 아이들이 지쳐간다. 가다가 주저앉고, 조금 가서는 못 간다고 울기도 한다.

지나가는 사람들이 아이들을 보면서 대단하다고 칭찬한다. 평일이라서 등산객이 그리 많지 않아 가족 산행이 더욱더 눈에 띄나 보다. 아이들은 칭찬받을 때 훨씬 더 힘이 나서 신나게 간다. 첫날 세석산장까지 가야 하는데, 걸음이 느려서 연하천에 머물게 되었다. 인원수는 작은 가족이라는 팀 이지만 책임을 지고 가야 하는 것은 역시 부담이었다.

나 자신에 대한 화를 삭이는 것이 더 큰 도전이었다. 다른 사람들은 다 일어나 출발했는데 아직도 산장에서 일어나지 못하는 가족들을 보면서 안타까움이 화로 변하고 있었다. **역시 도전여행에서는 자신과의 싸움이 가장 어려운 도전인가 보다.** 다음날 장터목까지 가려면 새벽에 출발해야 하는데도 느지막이 길을 나선다. 아이들을 위해서 과정을 즐기자고 다짐한다. 화내지 않고 즐거운 분위기를 내자고 다짐해본다. 가면서 책도 보고, 다람쥐를 만나서 아이들이 대화를 하기도 한다. 하루에 수십 번은 마음이 요동친다. 언젠가 이 잡히지 않는 마음을 잡는 여행을 해보자고 다짐해본다. 아마도 우리가 하는 도전 중에 가장 가치 있고 어려운 도전이

지리산 처음 오르막에서 힘들어 하는 두 아이들. 이들을 데리고 종주를 생각하니 정신적인 나의 도전이 시작되었다.

바로 이것인 것 같다.

　대피소 까지 저녁 숙박을 하려면 6시 전에 가야 한다. 다같이 가면 너무 늦게 도착 할 게 분명해 진다. 아이들을 먼저 보낸다. 우리 부부는 천천히 걸어서 나중에 도착하니 아이들이 숙박체크를 다 해 놓았다. 아침에 일찍 천왕봉에 오르기로 하고 잠이 든다. 역시 아침에 또 일어나지 못한다. 식사장소에서 밥을 하면서 마음은 '천왕봉은 다시 다음에 오지 뭐.' 하면서도 섭섭하다. 아침식사를 하러 나온 아이들을 보고, 옆 팀에서 "대단들 하다. 몇 학년이야?" 하고 칭찬한다. 그러자 아이들은 또 힘이 난다. "아빠, 우리 천왕봉까지 갈까?" 큰애의 말에 용기를 얻는다. 지리산 도전에서는 칭찬의 힘이 일을 이루게 하는 작용을 하는 것을 여러 번 깨달았다.

※가족 지리산 도전에서 얻은 보물
　작은 도전이지만 가족이 함께하는 여행에서는 가장의 마음 다스리기가 가장 필수적이라는 것도 부수적으로 깨닫게 한 도전이었다.

[그림 36] 우여곡절 끝에 천왕봉에 오르다

196 내 삶의 여행에 도전장을 던져라!

여섯째-몽블랑 도전기

　2009년 몽벨 등산 전문 메이커에서 몽벨리스트를 선발했다. 지원 신청 역시 뭔가를 이루어내는 첫 번째 단계의 도전이다. 운 좋게 당첨되었다. 알프스 몽블랑을 등정하는데, 출발 3시간 전에 짐 챙기기를 시작한다. 여러 가지 도전에서 얻은 경험으로 볼 때, 평소에 짐 싸는 데 시간을 쓰지 말고 일상생활 중에 생각날 때마다 그때그때 하나씩 챙겨놓으면 단시간 내에 짐 꾸리기가 가능하다. 나는 이것을 5분 법칙이라고 한다. 하루 자투리 시간 5분은 나중에 엄청난 힘을 가져다준다.

　도전은 그 자체로도 좋지만, 인생의 친구들이 짧은 시간에 깊이 있게 관계가 형성되는 축복이기도 하다. 생사고락을 같이한 사람들은 군대 3년을 같이한 것처럼 끈끈한 정이 이어진다. 도전 후에도 지속적으로 만난다. 사실 그동안 산에서의 나의 흔적은 즐거움보다는 고통과 성취감이 더한 도전이었다. 그리고 자신을 찾는 내면의 깊은 도전여행이었다. 어려운 시간과 공간을 같이한 동지들이 이후에도 지속적으로 세월의 배를 같이 타고 지구별 여행을 하는 것은 큰 의미가 있다.

　힘든 순간이 지나고 나니 즐거웠던 것 같을 뿐이지, 도전 자체가 즐거움 자체는 아니었나 보다 하는 생각도 든다. 도전의 순간에는 고통의 연속일 경우가 많다. 인간에게 가장 필요한 산소가 충분한 곳에서 벗어나, 허파에서 빨아들이는 산소가 부족해지면 뭐가 그리 즐겁겠는가? 누군가 고통을 같이한다는 것, 즉 삶의 좋은 친구들이 같이한다는 것과, 더 큰 산을 넘어가면 내 삶의 앞에 오는 산은 쉽게 극복한다는 보이지 않는 에너지를 얻는 보람이 그런 고통을 감소시키는 것 같다.

아내가 공항까지 태워다준단다. 사막에 가도, 고산에 가도 군소리 없이 웃으면서 보내주는 아내가 고맙다. 가끔 미안하기도 하다.

10시 30분, 공항에서 이번 지구별 여행에 함께할 반가운 대원들을 만난다. 해맑은 미소가 압권인 박00 대원. 위암을 극복하고 농사를 지으며 은행 지점장을 하고 있는 권00 대원. 한 마디의 외국어 없이 프랑스인과 어떤 협상도 가능한 박00 대원. 암을 이겨내고 히말라야 임자체에 도전한 황 할머니와 김00 몽벨리스트들이다. 여기에 이번 등반에 대장을 할, 모래에 묻혀도 10분 후 살아남는 김00 대장, 뒤통수만 안 치면 영원한 친구가 될 서00 사장님, 방송용 커다란 카메라로 셀카를 무리 없이 찍어내는 황00 감독이 이번 도전의 멤버들이다. 아무튼 이들은 많은 사연이 있는 분들로 내공이 전해온다.

이런 훌륭한 분들과 같이 여행을 하는 것은 또 하나의 축복이고 영광이다. 이번 산행에서 한국의 누룽지가 세계적인 행동식이 될 수 있을지 없을지를 판단하려고 주머니에서 누룽지 한 주먹을 꺼내 입에 넣고 소화시간을 측정하는 초시계를 누르자 비행기가 쉬익 소리를 낸다.

알프스를 오르는 나의 화두(話頭)

"논쟁에서 이기면 적이 된다."

이번 몽블랑 도전에서의 나의 화두이다. 역시 보이는 산과 보이지 않는 나 자신의 화두를 또 하나의 산으로 설정한다. 두 개의 산에 동시에 도전한다.

"인간이 노력하지만 결국 신이 결정한다!"는 말이 술자리에서 나왔다. 순영이가 술에 취해서 지껄인다.

"이 봐, 그 말은 성경에 나온 거야."

그런데 경석이란 친구는 방금 전까지 셰익스피어가 쓴 책에서 그 대목을 읽다가 온 것이다.

"아니야 그거 햄릿 5막 2장에 나오는 말이야!"

둘이서 누가 옳고 그른지 가르자고 말싸움이 시작된다. 그때 바로 옆으로 햄릿을 전공한 친구가 왔다. 이때다 싶어 경석이가 친구에게 묻는다. 방금 전 그 친구의 잘못을 밝혀서 당장에 논리적으로 박살내려 한 것이다.

그런데. 햄릿을 전공한 친구는 경석이를 밖으로 조용히 부른다.

"야, 임마! 네가 이 자리에서 논리적으로 여러 사람 앞에서 그 친구가 틀렸다고 증명하면 넌 무얼 얻는데? 그는 너의 적이 되잖아, 이 눔아!"

(술 취한 상태에서 친구끼리의 대화이므로 약간 거칠었을 것이라고 상상된다.)

"꼭 그것을 증명해서 여러 사람 앞에서 그에게 섭섭함을 줘야 하겠냐? 지금 이 자리에서 그 말의 출처가 맞고 틀리고 한 것이 중요한 것이 아니다. 그것보다 더 중요한 것은 상대방을 존중해주는 것이야."

상상력을 동원하여 카네기에 얽힌 스토리를 재정리해보았다. 역시 도전여행은 깊은 생각을 하게 해주어서 좋다. 이번 산행의 화두가 바로 이것이다. 누군가 말하는 문장에 틀림이 있다는 것을 알면서 그냥 넘어갈까, 아니면 당장 그 자리에서 교정을 해주어야 하는 걸까? 하는 것이다.

'인간은 본능적으로 칭찬 받고 싶어 한다. 인간은 본능적으로 충고하고 싶어 한다.'라는 두 가지 본능이 충돌하는 순간이다. 이런 상황에서 유연하게 처리하면 더욱더 성숙한 사람이 될 것이다.

이것이 이번 몽블랑 도전의 화두이다.

D1 비행기 속

산에 도전하는 이유를 굳이 내색해본다면, 산은 사람을 넘어뜨리지 않는다는 것이다. 그래서 도전이나 정복이라는 단어보다는 그냥 산과 일체가 된다고 말하고 싶다. 인간은 코앞의 작은 돌부리에 넘어질 뿐이지 산에 걸려서 넘어지지 않는다. 산도 인간을 넘어뜨리지 않으니, 한 번이라도 제대로 산과 일체가 되고 나면 좀처럼 그 인연을 정리하기 쉽지 않다. '몽블랑은 돌부리가 아니고 산이잖아. 나를 넘어뜨리지 않겠지. 아마도 나를 포근히 감싸줄 거야.' 하는 즐거운 착각으로 몽블랑(4,810m)을 그리며 마음이 부풀어 오른다.

드골 공항 도착

오늘 하루가 감사하다. 현재의 몸 컨디션이 좋은 것도 감사하다. 도전에 앞서 비행기에서는 천천히 음식을 먹는 것이 좋다. 이것을 먹는 순간순간 계속 기억해야 한다. 깨어 있다는 것을 실천하기가 이리도 어렵다는 것을. 기내에서는 규칙적으로 스트레칭을 하는 것도 큰 도움이 된다. 단순하지만 도전활동에 가장 직결되는 중요한 준비이다. 항상 간단한 것을 잊거나 무시했을 때 우리는 커다란 문제에 직면하게 된다. 현재 새벽 1시다. 11시간을 비행했다. 곧 다시 1시간 정도 날아가면 스위스 제네바에 도착한다.

자동 로밍을 한다. 휴대폰을 꺼놓아 받지 못했던 메시지가 띠릭띠릭 온다. 2주 후 출발하는 오지탐사대에서 보낸 급한 전갈이다. 휴대폰으로 즉시 이메일을 작성하여 회신한다. 여행 중에도 급한 메일을 쉽게 처리할 수 있는 세상에 살고 있음을 실감한다. 세상 참 맛있다! 도전하는 마음의 세계를 가지고 사는 것은 더욱더 맛있다.

제네바. 한국시간 새벽 2시 48분이다. 여긴 대낮이다. 아직도 출발한 날짜다. 샤모니에서 온 버스를 타고 게스트하우스 알펜로제에 도착하니 23시 30분이다.

첫째 날, 게스트하우스 내 침대

잠이 오지 않는다. 아직 신체가 변경된 시간에 적응을 못 하고 있다. 새벽 4시다. 한국의 아침 11시에 내 몸의 생체시계가 적응되어 있어서 잠이 오지 않는다. 찬물을 벌컥벌컥 마신다. 그래, 자려고 고민하지 말자. 책이나 보자. 식당으로 나간다. 급격한 환경변화나 여러 가지 사연으로 잠을 청하지 못하는 경우 '나는 지금 꼭 자야 하는가? 하루쯤 안 자도 죽지 않는다. 그러니 지금 뭘 하면 행복할까?' 하고 생각한 후에 방법을 찾아 실행한다. 식당에서 등반 식량을 준비 중인 스페인 친구들과 암벽등반 이야기를 한다. 하다 보니 시간이 휙 하고 지나서 동이 튼다.

아침이다. 식사는 빵이다. 맛있다. 파리에서 입천장이 벗겨져가면서 바게트만 먹던 생각이 난다. 그때 얼마나 보고 싶어 했던 가족인가! 이런 헤어짐은 가족의 소중함을 알게 해준다. 그래서 가끔 만나는 대학생들에게 이야기한다. 홀로 여행을 다니면 학점보다 더 소중한 것을 얻을 수 있다고. 학생들이 이런 의미를 알기나 할까? 하고 안타깝기도 하지만 스스로 생각한다. 너는 학생시절에 여행을 다녀 보았는가? 대답은 "아니다."이다. 그래, 지금 내가 가능한 도전이라도 충실하자고 다짐해본다.

고소훈련을 한다. 3,800m 이상에는 제법 눈이 많다. 아니 온 천지가 만년설이다. 이 정도 고소에 적응된 것을 내 몸이 기억하나 보다. 오래되었지만 에베레스트와 매킨리 등에서 고생한 만큼 덕을 보나 보다. 고맙다, 내 살과 뼈와 비계와 골과 손가락, 발가락 등등아, 고소를 기억해줘서….

눈의 릿지에서 걷는 것은 겉으로 보면 비슷하나 장비를 착용한 방법에 따라 다르다. 긴급 시 대처할 상황을 인간이 가진 천부적인 재능인 상상력으로 셀프 롤플레잉을 해본다. 경험만으로 이루어진 지혜보다는 경험을 바탕으로 연구와 실험으로 구성된 지혜가 더 참지혜이다. 내가 좀 부족하다고 인정하면 보이기 시작한다. 그러나 내가 다 안다고 생각하면 결점이 보이지 않는다.

둘째 날

알프스에 왔으니 유럽식으로 등반에 꼭 필요한 먹을 것만 가지고 가볍게 가자고 제안한다. 누군가 40년 동안 계속된 한국 등산 식 식문화를 바꾸기 힘들다는 농담을 한다. 결국. 버너, 코펠, 알량미, 라면, 누룽지, 김치, 오이장아찌, 명란젓 등이 챙겨진다. 쌀자루와 삼겹

살과 상추가 없어서 다행이다. 물의 양도 늘어난다. 최악의 선택이다. 그러나 다른 한편으로 생각한다. 내 의견과 다르다. 그렇다, 그들의 결정이 틀린 것은 아니다. 나와 서로 다를 뿐이다. 아마도 팀원들이 잘 훈련되어 있는 상황이라면 내 의견대로 했을 것이다. 이 상황을 즐겁게 따르자고 스스로 다짐하면서 걸음을 옮긴다. Good follower is best leader! 잘 따라야 잘 리드하는 리더가 될 수 있다고 다짐한다.

이제 이 정도는 웃으면서 받아들여진다. 약간의 생각이 성숙됨을 느끼면서 또다시 스스로에게 칭찬하고 모두에게 감사한다. 결국 모든 먹거리가 내 배낭에 들어가야 한다는 것을 알고 다시 내공이 흐트러지려 한다. 우리 모두는 서로 다른 가치와 생각을 지닌 귀중한 존재이지 않은가! 그렇다. 산행에서 제일 중요한 장비는 바로 몸과 다른 사람을 이해하는 패러다임임을 다시 한 번 깨닫는다. 목숨이 위험한 순간에도 서로 아껴주고 이해해주는 것만큼 좋은 장비(gear)가 있을까! 가정과 회사에서도 마찬가지일 것이다.

알프스 주변 경치가 환상적으로 아름답다. 2시간을 걸으니 고도계는 3,017m를 나타낸다. 너덜길(조각바위들로 이루어진 길. 걷기가 쉽지 않다)이다. 산양이 보인다. 저 녀석들은 발톱이 두 쪽인데도 바위를 잘도 탄다. 이곳에도 틀림없이 적자생존의 법칙이 적용될 것이다. 두 발톱으로 바위에서도 잘 다니도록 적응이 되었을 것이다.

햇빛에 반사된 바위 이끼가 형광색으로 보인다. 점심시간이 된다. 밥과 반찬들을 꺼내고 소풍 온 형태로 자리를 잡는다. 단체로 앉아서 식사를 하면 1시간이 휙 지나간다. 한식 등산문화이다. 앞으로 원정에서 생각해볼 문제이다. 전혀 다른 문화가 존재하는 외국의 산에서조차 꼭 그런 식사를 해야 하는지 의문이 든다. 그만하자고 하고도 또 다시 갈등이 일어난다. 아직도 내공이 한참 모자람을 스스로 감지한다.

하늘을 보니…, 파란 도화지 속에 그림처럼 바위가 있고, 그 끝에 산장이 걸쳐져 있다. 사람들은 왜 저런 곳에 산장을 만들어놓았을까? 수직으로 고개를 젖혀야 보이니. 올라갈 길의 가파름을 짐작케 해준다. 수직의 릿지 길을 덩치 큰 이중화(스키부츠와 비슷한 고산 등산용 신발)를 신고 올라가고 또 올라간다. 고도계는 3,500을 가리킨다. '천천히 가자, 천천히…'라고 주문한다. 몸 컨디션이 괜찮다.

호흡을 고소에 맞추면서 속도를 낸다. 위암을 수술하신 일행인 아주머니도 잘 오른다. 위암 수술로 위를 잘라내면 간이 커져서 겁이 없어진다는 농담도 오간다. 3,800m. 낑낑대고 올라가니 오후 5시경이 된 것 같다. 고소 증상이 오려 한다. 점점 멀미난 것처럼 어지러워진다. 난 오르는 속도를 천천히 유지했다. 아주 천천히, 심하게 천천히 올라야 했다.

후회해도 이미 온 고소 증상은 이제 어찌할 수 없는 일이 되었다. 인간아! 인간아! 아무리 지혜를 배워도 너는 어쩔 수 없이 인간이니라. 거기서 거기인 인간들아, 너무 벗어나려고 애쓰지 마라. 너 자신을 알라! 하는 말이 새삼 떠오르면서 빨리 오른 것이 후회된다. 인간은 왜 이런 곳을 오지 못해 안달인가? 또다시 고민에 싸인다. 고소가 심해지는 모양이다.

셋째 날 오전
새벽 1시로 알프스 정상으로의 출발시간이 결정된 후 잠이 들었

다. 소란스럽다. 헉 내 신
발, 헬멧, 피켈, 고글, 크
램폰…. 이런 것들이 어
디 갔지? 정신이 혼미하
다. 깊이 생각해본다. 머
리가 지끈거린다. 속이
메스껍다. 지금의 컨디션
으로 정상에 오르는 팀
을 따라가도 될 일인가?
답이 온다. 정상에 가
는 것은 가능하다. 하지
만 죽을 고생을 참아내
야 한다. 그럴 생각인가?
너무 힘들어서 죽는 사

람들을 보지 않았는가? 산을 오르다 죽어도 좋다. 하지만 가족들과
곧 만나게 될 오지탐사대원들의 얼굴이 떠오른다.

목표물 바로 앞에서 포기하는 것은 더 용감한 도전이라고 스스로
위로한다. 두 팀으로 나누어 출발하는 것을 보고 고소 증세를 잊기
위하여 억지로 침낭에 쓰러진다. 머리가 어지러운 속에서 시간이 얼
마가 지났을까. 소란스럽다. 한 팀이 중간에 포기하고 돌아왔다. 아
침 6시가 된 것을 확인한다. 9시쯤 되니 속과 머리가 진정된다. 이제
혼자서 정상을 향하여 가도 될 것 같은 기분이다. 혼자 정상에 오를
까? 아니다. 접자. 아니다. 오를까? 갈등이 생긴다. 산이 어디 갈 것
도 아닌데…. 다음에 내 스케줄대로 다시 오면 되지 뭐, 하고 위로해
본다. 나중에 아내와 같이 알프스의 정상에 서보리라 생각해본다.

하나의 포기는 몸속에 깊이 하나의 교훈으로 각인된다. 고소가 오는 높이에서는 음식 한 입을 10분간 씹어라. 이렇게 3회만 먹어라. 죽지 않을 정도로만 먹어라. 위가 소화하는 데 산소가 소모되지 않게 하라. 그러면 화장실도 안 가서 힘도 덜 쓰게 되어 고소 증세가 올 확률을 훨씬 감소시킬 수 있다. 고산에서는 먹는 것과 걷는 것에서 거북이가 되라는 지혜를 담는다.

셋째 날 오후

몽벨리스트 다른 한 팀(3명)은 무사히 정상에 도착했단다. 축하한다. 그들이 얼마나 고생했을까 하는 것이 느껴진다. 나도 그런 적이 있었기 때문에. 마음속으로 도움이 되지 못하여 미안함을 또 느낀다.

먼저 하산을 시작해야 한다. 눈이 많이 와서 가파른 길이 더욱더 공포스럽게 각을 세운다. 크램폰을 차고 내려온다. 길이 아니다. 하강기로 정식 하강을 해야 안전할 정도의 수직의 각이 느껴진다. 1시간쯤 안전벨트의 확보 줄로 미리 설치된 와이어에 가끔씩 몸을 부탁하면서 내려오니, 오히려 눈이 있는 것이 좀 편해진다. 역시 인간은 적응의 동물인가 보다. 아니, 변덕의 동물이 아닐까? 산에서 우정을 나눈 친구가 내일은 또 얼굴을 붉히는 입장이 되기도 하지 않는가! 언제나 모든 것을 포용할 수 있는 넓은 산 같은 마음을 가진 사람이 될 수 있을까 고민하면서, 행동식으로 준비한 누룽지를 한 입 넣어본다. 한국의 누룽지는 고산에서 이동 중에 먹을 수 있는 훌륭한 행동식이라고 나름대로 타당성 있는 경험을 배경으로 결론 내린다.

오후 4시가 되기 전에 니데글에 도착해야 한다는 생각은 "한 걸음만 더 가자."를 반복하도록 강요한다. 4시 30분이 케이블카 타는 곳으로 가는 막차란다. 오를 때보다 하산하는 길이 더 멀다. 안자일렌

(위험 구간에서 서로가 로프로 연결하고 움직이는 이동방법)을 해서 더욱더 조심스럽게 움직인다. 징그럽게도 멀다. 아마도 체력이 소진된 데다 신발도 이중화를 신고 너덜 길을 걸어서 그런 모양이다. 몸이 힘들어지면 정신이 깊어지는 걸까. 또다시 사색한다. 한 걸음을 걸을 때 발을 올리는 것도 걸음이고 내리는 것도 걸음이다. 오르는 것도 산행이고 하산하는 것도 산행이다. 사는 것도 삶이고 죽음도 삶이라는 타고르의 말이 떠오른다.

넷째 날

오전에 샤모니 시내를 둘러본다. 아름답다. 어제의 고통이 지금의 아름다움을 볼 수 있는 것을 더욱더 감사하게 해주는 것 같다. 사막에서, 산속에서 느낀 고통이 행복한 시절보다 삶을 다양하고 더 행복하게 해주는 기억이 된다. 나름대로 마음 아픈 포기를 위로해본다.

앞으로는 알프스의 몽블랑이 가까이 보이고, 빙하 녹은 물이 내려오는 천이 있다. 뒤로는 기암괴석을 한 높다란 산이 장관을 이룬다. 낮아도 3천m는 족히 될 듯한 산들 속에 포근하게 위치한 곳이다. 만나는 꼬마들마다 "봉주르!" 하고 인사를 한다. 처음 보는데 아무런 어색함이 없다. 왜 그럴까? 여유다. 집집마다 창틀에 꽃이 걸려 있다. 여유다. 우리나라가 미국보다 유럽의 영향을 받았더라면, 마음의 여유 면에서는 조금 더 풍요로웠을 텐데….

움직이는 에스컬레이터에서도 뛰는 민족임이 자랑스럽기도 하고, 그곳에서 벗어나 평화롭고 여유로운 이곳에 살고 싶어지기도 한다. 하지만 곧 우리 땅에 감사할 것이다. 매번 그랬던 것처럼…. 호흡이 자유로운 산, 풀, 물, 푸르른 금수강산…. 몽블랑, 다시 한 번 찾고 싶은 산이다. 다음엔 여유 있게 웃으면서 정상에서 삶의 축복을 만끽

해야겠다.

샤모니에서 한국으로 향한다.

※몽블랑 에서 얻은 보물

흔들리지 않는 산이 되자. 큰 산이 마음으로 들어가도록 마음을 넓히자. 최소한 그러려고 노력하자는 태도를 얻었다.

일곱째-홀로 보낸 깊은 산

　나를 내려주는 버스기사 아저씨가 상당히 의아한 눈으로 바라본다. 한겨울 인적도 없는 산에서 혼자 내리는 내가 좀 처량하게 보이나 보다. 아니면 미친 사람처럼 보였을까. 깊은 산골에서도 더 깊은 산골로 들어가는 길에서 멀리 촌마을의 가로등이 보인다. 산속의 날씨는 영하 20도를 가리킨다. 체감온도가 거의 30도는 되는 것 같다. 어쩌면 히말라야나 알래스카의 추위보다 한국 산속의 추위가 느낌상으로는 더 차갑고 매섭다. 높이가 높지 않아 공기 밀도가 더 압축되어 있어서 그런지도 모른다. 멀리 보이는 불빛을 따라 도로 내려가고 싶은 생각이 굴뚝같다. 아니다. 그래도 스스로 선택한 '나 홀로 한겨울밤 깊은 산속 야영'이다. 이번만큼은 조용히 삶을 되돌아볼 시간을 가져보자고 스스로에게 의미를 부여한다. 한 걸음 한 걸음 배낭이 무겁다.

　겨울 야영은 기본적으로 25km는 된다. 100리터들이 배낭에 한가득 꾹꾹 눌러서 지고 간다. 중간에 눈을 녹여 따뜻하게 마시려고 휴식한다. 버너 소리가 산속을 울린다. 지금 내리는 눈이 열린 코펠로 들어가기도 전에 녹아서 사라진다. 맥킨리에서 눈으로 물을 만들어 마시던 기억이 새롭다. 조금 떨어진 곳에서 자연에게 거름을 주고 나서 보니 제법 물이 끓는다. 참 좋은 세상이다. 소변 한 번 할 시간에 물이 끓는다. 장비가 그만큼 좋아지고 가벼워지고 발전한다. 잠시 후 물을 보니 마음이 아프다. 이리도 깨끗하게 내리는 눈이 녹으면 시커먼 흙탕물이 되다니…. 이 깊은 산속에서 맞이하는 눈이 알고 보니 공해를 끌어안고 내려온 자연 지킴이였다. 자신을 희생해서 지구의 대기를 지키는 눈이다. 참으로 놀랍다. 작은 눈 하나가 이런 작용을 하다니…. 이 생각 저 생각으로 머리를 채워야 한다. 아니면 이 깊은 산속에서 적막에 휩쓸려 들어가기 십상이다. 계속 걷는다. 3시간 후 정상에서 야영 준비를 한다. 해가 떠오르는 쪽으로 텐트 문을 위치시킨다. 호롱불 같은 분위기의 가스등을 점화한다. 이런 곳에서는 작은 것 하나하나가 다 고마운 존재이다. 이 가스등이 없다면 칠흑 속에서 낭만이 없을 것이다.

정적 속에서 눈 내리는 소리가 들린다. 도시에서 이런 소리를 듣는다는 것은 상상하기 어렵다. 토끼 발자국 소리가 난다. 여기선 토끼도 무섭다. 상상속에서 토끼가 갑자기 귀신으로 둔갑하기 때문이다. 토끼 소리를 듣고 나서 내가 상상한 마귀가 내 머릿속에서 만들어진다. 어둠과 낮은 이렇게 다르다. 지리산이나 설악산에서 가끔 등산객을 만나면서 홀로 가는 것과는 차원이 다른 도전이다. 눈 내리는 소리도 들리는 고요한 산속의 도전은 평생

거울의 깊은 산속에서는 텐트 안에 있어도 눈 내리는 소리가 들릴 정도로 적막 그 자체였다. 엄청난 고요함은 공포를 가져온다. 여기서 아직 내공이 약한 것을 깨달았다.

기억에 남는 도전이다.

텐트 옆에서 잠시 겨울산의 밤과 맘껏 대화한다. 홀로 허공에 뭔가를 날린다. 그동안 살아온 세월이 비디오 화면을 빨리 돌리듯 스쳐간다. 굵직굵직한 장면이 보인다. 그 사이사이에도 하찮지 않았을 것이다. 인간은 내가 기억하고 싶은 것만 기억하나 보다. 그래서 나는 복사본이 아닌 원본으로 살아가나 보다. 지구상에 단 하나의 나이다. 충전이 된다. 에너지가 강하게 뭉쳐서 가슴속에 자리 잡는다. 반성도 한다. 잘못한 것들이 너무나 많다. 내일 아침까지는 더 살아야겠다고 다짐한다. 누가 나를 해치는 것도 아니다. 스스로 여러 가지 귀신 형상의 작품을 만들어낸다. 생각 속에 빠져들다가 갑자기 무서움을 느낀다. 둘과 하나는 천지 차이다. 여기에 누군가 같이 있다면 이런 두려움은 없을 것이다.

텐트로 들어간다. 훤한 텐트 속이지만 어두운 밖과 연결되어 있다. 추운 밖과 같은 공간이다. 쓸쓸하고 눈에 덮인 녹색이 땅속에서 오지 않을 것만 같다. 봄을 막연하게 기다린다. 봄과는 몸 시간대에 떨어진 하나의 섬이다. 두렵기는 텐트 속도 마찬가지다. 인간은 참으로 나약한 존재다. 사막에서, 알래스카에서, 마라톤을 하고 암벽등반을 하고 다니지만, 자연 앞에서는 너무나 작은 나이다. 내가 원하지 않아도 스스로 작아진다. 작은 산토끼보다도 지금은 이 산을 알지 못한다. 여러 가지 장비에 의해서 내일 아침 해가 뜨는 순간까지 의지하고 있는 것이다. 소원해본다. 미래의 나의 행복보다도 어서 빨리 아침 해가 뜨기를 기원해본다.

이렇게 깊은 겨울 산속에서 혼자 야영하는 것에 도전해본 것은 이때가 처음이자 마지막이다. 이런 기억은 참으로 오래 간다. 머리에 그대로 영상 파일이 저장되어 언제든지 눈만 감으로 그때 그 공간 그 냄새로 돌아가진다. 그러면서 거기서 행복의 한 조각을 가지고 온다. 다른 사람과 같이 있어서 행복하고, 춥지 않아서 행복하고, 여기저기 어울릴 수 있는 모임이 있어서 행복하고…. 겨울산의 도전은 이런 행복을 스스로 만들고 느끼도록 해준 커다란 스승이었다.

※겨울 산에서 홀로 지내면서 얻은 보물
　인간은 자연 앞에 참으로 나약하다. 나 또한 나약하다. 욕심 부리지 말고 겸손하게 내 삶의 여행을 하자

여덟째-국망봉 폭포에 도전하기

　폭포 아래서 수련하는 모습이 보인다. 이미지 트레이닝으로서, 연구실에서 폭포에 몸을 담그고 떨어지는 물에 수련을 하는 모습이다. 어릴 적 깊은 산속에서 무술 수련을 하는 주인공이 멋지게 보였나 보다. 흑백 만화로 보던 그림이 나로 하여금 비슷한 것을 해보고 싶은 이미지로 잠재의식 속에 자리 잡았던 것 같다.　이미지 트레이닝이 생각보다 잘된다. 이미지 트레이닝 중에 실제로 이것을 도전해보겠다는 결심을 했다. 사람들이 많이 다니는 등산로에 있는 폭포는 하기가 힘들 것 같아서 인적이 드문 곳을 찾기 시작했다.

　포천의 한북정맥이 지나는 깊은 산속의 장암폭포를 발견했다.

　4월에도 눈이 녹지 않는 곳에 위치한 폭포 물은 얼음 그 자체였다. 다리가 시려서 들어가다가 다시 나오는 실패를 10번 정도 계속했다. 한 번 가서 열 번이 아니고, 한 번에 한 번 들어갔다가 나와야 하므로 그 폭포를 열 번 이상 간 것이다. 나는 무술 수련하는 사람도 아니다. 왜 그 속에 그토록 들어가고 싶어 했을까? 홀로 주제를 정했다. 화내지 말기. 경청하기. 부드럽게 대해주기 등, 내가 평소에 잘하지 못하는 도전 주제를 정하여 폭포 속에서 나를 정화하는 의식행사였다. 도전! 자신에 대한 도전, 스스로의 정신의 정화, 스스로를 찬물에 담가서 신경세포를 변화시키고, 평소의 태도를 변화시키기 위한 행위였다. 여러 번 실패를 거듭하면서 오기가 발동한다. 언젠가는 꼭 들어가서 폭포 물에 전신을 담그고 떨어지는 폭포소리에 정신을 가다듬으며 주제를 하나씩 실천해보리라. 주제의 실천은 춥고, 차고, 이가 시리고, 몸이 굳어지는 찬물 속에서 마음속으로 외친다. "나는 지금부터 경청을 잘 하

[그림 39] 폭포 수련을 통해서 정신력 강화를 시도하는 중

는 사람이다." "나는 지금부터는 부드럽게 대해주는 남편이다!" "나는 지금부터 화를 내지 않는 사람이다!" "나는 지금부터 마음이 더 넓어지는 사람이다!"

폭포 속에서 신체는 엄청난 고통과 추위와 공포를 느낀다. 이런 주문이 뚜렷이 떠오르지 않는다. 가장 악조건으로 만들어놓고 이런 주제를 떠올리려 애쓰는 도전이다. 이런 수련 역시 책에서 배울 수 없는 나만의 도전정신과 상상력, 창의력 등이 확장되어 감을 느낄 수 있다. 스스로 뭔가 정신적 도전 주제를 정하여 열악한 환경을 만들고 그 주제를 떠올리는 것도 하나의 방법이 될 수 있다.

* 정신적인 도전 주제를 정해보자. 예를 들어 매일 5분 지각하는 습관 극복하기, 퉁명하게 대답하는 태도 극복하기, 술을 통제하지 못하는 습관 극복하기 등

* 도전하고 싶은 것을 정하고, 먼저 이미지 트레이닝을 해보자. 현재 나는 어떤 도전을 정하고 이미지 트레이닝을 할 것인지 기록해보자.

※국망봉 폭포 도전에서 얻은 보물

화내지 말기, 이야기 경청하기, 아내에게 부드럽게 말하기는 평생 수련해야 할 화두라는 것을 체득함.

아홉째-히말라야 에베레스트 베이스캠프로의 리더십 여행

걷기 시작한 지 2일째다. 이번 트레킹은 60세 이상의 두 사람과 함께하는 도전이다. 나 홀로 가는 것보다 체력이 약해진 두 분의 도전에 더 의미를 두었다. 사막에서 함께하던 시각장애인과의 경험은 어려움이 있을 때 쉽게 받아들이는 에너지원이 되었다. 아무럼, 그보다 더 힘들까? 하고 용기를 얻는다. 희망에 대한 도전, 여성 한 분은 이 도전에 힘을 입어서 전국을 한 바퀴 걷기, 그리고 스페인 산티아고 800km 코스 걷기 목표를 달성하기도 했다. 도전 그 자체보다도 도전하기 전에 준비하는 과정이 의미가 더 크다는 것을 이번 도전으로 새삼 깨달았다.

두 분은 출발 한 달 전부터 조깅과 산행으로 히말라야 트레킹이라는 목표를 향해 조금씩 체력을 갖추어 나가기 시작했다. 아무런 도전 목표가 없을 때와 삶의 여행 궤도에 도전 목표가 있을 때 실행력의 차이는 이렇게 달라졌다.

카트만두 타멜 거리에서 하룻밤을 보내고 다음 날 새벽 첫 비행기로 루크리에 도착한다. 첫날 산행은 순조롭다. 동행하는 분이 고맙다고 말씀하신다, 이런 곳에 같이 오게 해줘서…. "내일도 그 말씀

나오실지?" 하고 응답한다. 내일 산행은 오늘과 비교도 안 될 만큼 체력이 요구되는 코스다.

롯지(히말라야 산자락의 마을여관)에서 새벽 2시 30분경에 깨어났다. 나의 경우 이럴 때 더 자면 안 된다. 조금 잤지만 컨디션이 완전히 회복된 것을 몸이 감지하면, 책을 보든가 글을 쓰든가 하는 것이 좋은 것 같다. 멀리 창문 너머로 폭포소리가 우렁차다. 지금 소중한 것은 무엇인가? 또 생각에 젖는다. 신체를 편히 쉬게 하는 것이다. 지금 이 순간엔 한국의 업무 스트레스와 강의 일정에서 벗어나자. 지금 이 순간에는 히말라야 산 공기를 마음껏 들이마시자.

지금 소중한 것이 이것 외에 또 무

[그림 4이] 롯지에서 바라보이는 에베레스트 산

엇이란 말인가! 가족이 물론 소중하지만…, 나의 영향력 안에 존재하지 않는다. 지금 나에게 소중한 것이 무엇인지 제대로 인식하는 방법을 스스로 배우고 있었나 보다.

어제처럼 상황이 된다고 해서 샤워를 하면 안 된다. 먹을 것도 아침, 점심, 저녁을 조금씩 천천히 먹자. 먹는 것이 지금부터는 산행 페이스에 엄청나게 영향을 미칠 것이다. 고도가 올라갈수록 몸의 에너지 흐름이 정상이 아니므로 체하기 쉬워진다. 식욕을 버리자고 다짐해본다. 신체 한 부분의 본능을 망각하자. 마음을 비우자. 동행하는 두 분에게 다른 의견이 있으면 순수하게 따라주자. 이게 거대한 산맥 히말라야의 진정한 부드러운 가르침 아닌가!

4000m가 훨씬 넘는 산으로 둘러싸인 아름다운 팍딩 롯지이다. 수직으로 하늘을 향해 뻗어 있다. 저 산은 구름을 만나고 있다.

롯지에서 우리 가족이 편안한 휴식을 취하는 것을 상상해본다.

내년에 다시 와서 좀더 재미있는 트레킹을 해봐야겠다고 생각해본다. 우주의 attraction 법칙과 감사의 법칙은 절대 오차가 없다. 지금의 내 상황은 모두 내가 우주에서 끌어당긴 것이라는 법칙이다. 이 역시 인간이 만든 법이 아니다. 신의 법, 우주 태초부터 내재된 프로그램이다. 이것을 우리는 원칙이라고 부르기도 한다.

새삼 감사함을 느낀다. 사람에게 감사하고 산에게 감사한다. 5년 전 내 인생에서 가장 어려웠던 시기이다. 사업을 하다가 잘못되어 날마다 독촉장 가압류 서류가 날아왔다. 건설현장에서 노가다를 하면서도 감사함을 계속 가지고 있었다. 산을 볼 수 있는 눈이 있어서 감사하고, 맛있는 식사

[그림 41] 트레킹 코스에서 자주 보이는 짐이 많은 소년들

를 산행 중에 먹을 수 있어서 감사하고, 추우면 추워서 감사하고, 비가 오면 비가 와서 감사하고…, 산은 온통 감사하는 방법을 나에게 주었다.

남체로 가는 길

　팍딩에서 아침식사를 하고 8시경에 출발했다. 고도는 계속 높아간다. 어제 감자튀김이 맛있어서 감자튀김을 시켰는데 엉뚱한 요리가 나왔다. 엉뚱한 결과…. 보는 시각을 달리하면, 생각을 달리하면 이 또한 감사하다. 다른 것을 먹어볼 수 있는 기회 아닌가? 고도는 계속 높아간다. 오늘이 셰르파의 수도이며 에베레스트 베이스캠프 가는 길 중에서 롯지가 가장 번창한 곳인 남체까지 가는 날이다.

　계속 오르막이다. 길이 마을과 마을을 연결한다. 사람과 사람을 연결하는 것은 무엇일까? 왜 우리는 수많은 연결된 관계 속에서 웃다가 울다가 할까? 날마다 웃으면서 사는 삶은 왜 인간에게 허락되지 않는 것일까? 이것 역시 선택일까? 여러 가지 상념들이 뇌리를 스친다.

　남체가 3,500m 정도이므로 어느 정도 이해가 간다. 트래커들 사이에서 익숙한 단어인 남체 바자르(시장)가 열리는 곳이다. 고도가 높은 위아래 마을과 아랫마을이 만나는 적당한 지점이다.

　공기는 점점 희박해져 간다. 남체의 문라이트(Moonlight) 롯지에 왔다. 파김치처럼 몸이 나른해진다. 춥고 이상해진다. 고소(고산병 증세)가 나타난다.

　대부분 에베레스트 트래킹은 포터에게 짐을 주고 주먹만 한 배낭 하나 달랑 메고 간다. 이제 고등학생도 안 된 현지 아이들도 엄청난 무게의 짐을 지고 다닌다. 어떤 때는 한 사람이 100kg 이상을 들쳐 메고 산을 오른다. 건설용 나무 큰 것 하나를 나르는 데 100루피란다. 약 1달러 50센트이다. 하루 약 9달러의 일당이다.

　한국에서 산행하는 모든 사람들마다 각자의 고민이 있겠지만, 이들이 진 짐을 보면 나 자신이 얼마나 행복한가를 새삼 깨닫는다. 여행은 삶의 학교이다. 함께하는 여행은 삶과 자연의 학교다. 내 삶의 여행이다. 시간과 공간을 이동하면서 지구별 여행에서 해야 할 것과 하지 말아야 할 것을 깨닫고 온다. 책으로 배우는 것보다 훨씬 더 오래 가고 배우는 방법이 고차원적이라는 느낌이 든다. 아마도 신이 준 인간의 선물 목록 중 느낌이라는 것은 엄청 고귀한 것일 것이다.

※에베레스트 베이스캠프로의 리더십 여행에서 얻은 보물

우리는 행복한 나라에 살고 있다. 히말라야 길에서 만난 포터들은 적은 수입에 엄청난 고생을 한다. 직장에 불만이 있는 사람에게 이 길을 권하고 싶다.

도전의 정리 : 내 삶의 여행을 마치면서 - 그래도 우주에 남아 있단다

도전은 세상을 경쟁하면서 각박하게 살아가자는 의미가 아니다. 지구별 여행을 하는 동안에 가장 아름답고 원하는 것을 하면서 살자는 의미이다. 죽은 것처럼 사느니 산 것처럼 살다가 죽음을 맞이하는 것이 진짜로 사는 것이 아닐까? 다음은 나의 삶의 방식이다. 하나의 사례이다. 누구나 생각은 다르므로 참고만 하면 좋을 것 같다. 나 또한 이렇게 추구하고 실행하려고 노력하지만, 꼭 이루어진다고 장담하기는 힘들다. 하지만 내가 지금까지 해온 행적을 보면 해낼 것 같기도 하다. 내 삶의 여행은 어떻게 마칠까? 미리 생각해보자. 70, 80세가 되어서야 준비하면 늦을 수도 있을 것 같다. 우리는 언제 다른 별로 이동할지 모르므로. 다음은 미리 준비하면서 아이들이 성장함에 따라 가끔 내용을 수정하는 실제 나의 생활 속의 모습이다.

내 삶의 여행을 마치면서…,
당신과 같이해서 즐거웠어요.
먼저 가서 미안하고…, 사랑해요
얼마 전까지도 조은이, 나은이가 아이였는데, 이제 어른이 되었구나.

너희들이 있어서 지구별 여행이 더욱더 보람 있었고, 행복하고, 즐거웠단다.

이번 여행에서는 지구라는 별에 살면서 무엇을 하는가보다 어떻게 하는가가 더 중요하다는 것을 알았단다. 내가 어떤 사람인 것보다 어떤 태도를 가지고 삶의 여행을 했는가? 이것이 더 중요다는 것을 깨달았단다. 청소를 하든지 정치를 하든지, 장사를 하든지 직장 생활을 하든지…, 이런 것을 하는 것이 중요한 것이 아니라, 청소를 해도 즐거운 태도로, 정치를 해도 남을 섬기는 진실한 마음으로 하는 '어떻게' 하는가? 하는 태도가 더 중요한 것이란다.

만일에 내가 다음 세계로의 여행 출발 전에 의사표시를 할 수 없을 경우가 생기더라도 안타까워하지 말거라. 절대로 수술이나 인위적인 치료는 하지 말아주기 바란다. 그것은 바로 다음 여행을 준비하는 적응 기간이란다. 병원보다는 자연에 맡겨두기 바란다. 다만 헤어지기 섭섭하므로 가끔 자연 속을 같이 산책해주면 좋을 것 같구나. 내가 어떤 상태이든지 웃고 떠들고 노는 분위기가 좋겠구나. 자연에서 살다가 헤어지는 날은 너희가 와서 쉴 수 있는 나무에 도움이 되도록 해다오.

내가 지금까지 취한 음식으로 이루어진 나의 몸을 나무가 섭취하기 좋게 만들어서…, 나무에게 도로 주기 바란다. 티베트에서 하는 장례 방법 중에 육체를 잘게 나누어서 새나 짐승들에게 주는 풍습이 있단다. 나도 처음에는 징그럽고 이해가 가지 않는 원시적인 방법으로 생각했단다. 그런데 세월이 지나면서 그것이 오히려 무덤을 만드는 것보다 합리적이라는 생각을 갖게 되었단다. 결국 내가 살면서 먹은 동식물에게 나의 살을 돌려주는 것이지. 생각의 차이인 것이지. 무덤을 만들고 때마다 벌초를 하는 것보다는 그 방법이 깔끔하게 지구별 여행을 제대로 마무리하는 것 아닐까?

나무는 옷이나 다른 재료가 섞이는 것을 원치 않는단다. 인간이 만든 전통이나 인공물, 형식 등을 지키지 말고, 그저 순수한 나의 육체만을 나무에게 돌려주기 바란다. 요즘 가끔 가는 경기도 포천의 국망봉 나무에게 친구의 어머니를 드렸단다. 아주 커다란 나무지. 지난번에 산에 오르다가 나무를 안아주었지. 언제 기회를 만들어 나의 나무를 알려줄게. 이러한 것들이 내가 준비한 노후란다.

아, 요즘에 다시 생각들이 진화하나 보다. 아마도 약간 생활할 힘이 있을 때 산속으로 들어가는 게 좋겠다. 요즘 산에서 생활하다 보니, 며칠 있으면 마음이 맑아지고 새들과 이야기도 가능할 것 같구나. 그래서 자연과 함께 행복한 생활을 할 것 같다. 노후 몇 년을 그렇게 지낼 것이다.

이런 생활은 내가 언제 다음 세계로 갈지 정확한 시간을 알 수 있게 해준단다. 그래서 체온을 느낄 때 양지바른 곳에 나의 육체를 돌려보낼 크기로 땅을 파고, 주변에 낙엽을 쌓아서 스스로 덮으련다. 조금 후 바람이 불어서 나를 덮어주면…, 조용히 다음 세계로 간 거란다.

꼭 내가 세상에서 사라진다고 광고하고 다른 사람들에게 알리지 않아도 될 것 같다. 그러면 항상 마음속에 있어서 너희들이 다음 세상을 맞이할 때까지 함께하는 게 될 것 같구나. 또 정신이 있을 때 이야기를 하고 산으로 가므로 마음껏 이야기를 나누고 갈 수도 있고….

첫 번째 방법보다 할 수만 있다면 이 방법이 좋을 것 같구나. 세월이 가면서 이런 사라짐도 깔끔할 것 같고, 또 실행 가능한 마음이 되어가는구나. 결국 오는 것과 가는 것이 따로 없고, 삶과 죽음이 분리되지 않은 것을 실천하는 것이라서 더욱더 좋은 방법일 것 같다.

우린 언제나 이 우주에 머물고 있단다. 항상 기뻐하자.